作者简介

陈俊傲 男，1976年3月生，江苏无锡人，毕业于华东理工大学，获文学学士、管理学硕士和法学博士学位。现为华东理工大学马克思主义学院副教授、党总支书记。曾公派赴澳大利亚国立大学高级行政管理干部研修，中央直属机关第五批援藏干部，曾任上海中侨职业技术学院党委书记。已发表学术论文20余篇，出版教材3部。入选2016年度“上海市教育法学人才培养计划”。

本专著受上海市示范马克思主义学院、上海市高校思想政治工作研究中心（智库）及全面建成小康社会系列丛书资助。

西藏林芝林牧区养老模式研究

——基于发展型社会政策的视角

陈俊傲◎著

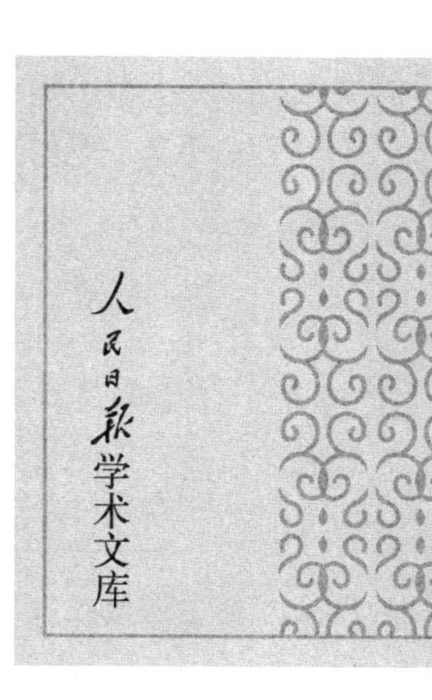

人民日报出版社·北京

图书在版编目（CIP）数据

西藏林芝林牧区养老模式研究：基于发展型社会政策的视角／陈俊傲著．—北京：人民日报出版社，2019．9

ISBN 978－7－5115－6183－1

Ⅰ．①西… Ⅱ．①陈… Ⅲ．①林区—养老—社会服务—服务模式—研究—林芝②牧区—养老—社会服务—服务模式—研究—林芝 Ⅳ．①D669．69

中国版本图书馆 CIP 数据核字（2019）第 201590 号

书　　名：西藏林芝林牧区养老模式研究——基于发展型社会政策的视角
XIZANG LINZHI LINMUQU YANGLAO MOSHI YANJIU
——JIYU FAZHANXING SHEHUI ZHENGCE DE SHIJIAO

著　　者： 陈俊傲

出 版 人： 董　伟

责任编辑： 黄慧琳　金　晶

封面设计： 中联学林

出版发行： 人民日报出版社

社　　址： 北京金台西路 2 号

邮政编码： 100733

发行热线：（010）65369509　65369512　65363531　65363528

邮购热线：（010）65369530　65363527

编辑热线：（010）65369844

网　　址： www. peopledailypress. com

经　　销： 新华书店

印　　刷： 三河市华东印刷有限公司

开　　本： 710mm×1000mm　1/16

字　　数： 184 千字

印　　张： 16

版次印次： 2020 年 1 月第 1 版　　2020 年 1 月第 1 次印刷

书　　号： ISBN 978－7－5115－6183－1

定　　价： 85．00 元

目 录
CONTENTS

第1章　导　言

1.1　选题背景

纵观人类的发展历程，人们始终无法摆脱生老病死的自然规律。无论是神话传说中的“得道”与“成仙”，抑或是科幻魔幻作品中的“复活”与“永生”，所有描绘几可乱真，但宿命却从未改变。从原始社会到近代社会，从传统社会到现代社会，人类老去之后的“养老”诉求亘古未变。

古希腊哲学家柏拉图在《理想国》中描绘，如果一个国家最大多数人都有共同的情感，这个国家就是管理得最好的国家。这些共同的情感中，尊老爱老是其重要组成部分，它能促进人与人之间的相互同情和理解，这既是维系社会团结的纽带，也是培养全体公民共同情感的基础。每个公民最基本的义务和道德品格就是对哺育自己的父母养老送终。

在中国，庄子把孝敬父母看成是人的自然本性，道教著作《太上感应篇》中的“忠孝友情，正己化人，矜孤恤寡，敬老怀幼”体现了道教思想对尊老爱老的重视。

儒家思想创始人孔子把孝敬父母看作是行仁的根本。孟子继承和发扬了孔子和曾子的孝道思想，提出“事亲为大”。董仲舒从五行的角度谈论孝为何是“天经地义”的问题；朱熹也提出了“仁是孝之本”的主张。儒家思想对尊老爱老思想的阐释和发展，逐渐将外在礼制转化为人们内心的自觉行为和道德操守。

佛教通过传播“佛教无防于忠孝”的理念，渐渐融入中国文化。佛教徒们在翻译佛经时采用增、减、节选等方法，让佛经尽可能符合中国的道德伦理；讲经时，更多强调佛经中报恩父母的内容。在佛教的传播过程中，佛教徒们还编撰了大量有关孝道方面的著作，如明代智旭的《孝闻说》和《广孝序》等论著。

1601 年，英国颁布了《伊丽莎白济贫法》；1883 年，德国颁布了《疾病保险法》《老年与伤残保险法》和《工伤保险法》，涵盖养老及其保障的现代社会保障制度初现端倪。到 20 世纪 50 年代，现代社会保障制度渐趋成熟，并在 70 年代之后得以改革和完善。社会保障制度客观上促进了社会的稳定、经济的发展，成了社会的“安全网”和“稳定器”。

1.1.1 我国的老龄化进程

进入 21 世纪以来，我国人口老龄化趋势不断加剧。《中国人口老龄化发展趋势预测研究报告》显示，从 2001 年到 2020 年，中国将平均每年增加596万老年人口，年均增长速度达3.28%，超过总人口年均0.66%的增速，人口老龄化进程明显加快。到2020年，我国老年人口将达2.48亿，老龄化水平将达到17.17%，其中，80岁及以上老年人口将达3067万，占老年人口的12.37%；从2021年到2050年，伴随着20世纪五六十年代，新中国成立后第二次生育高峰人群进入老年，中国老年人口的数量开始加速增长，平均每年增加620万。同时，由于总人口逐渐实现零增长并进一步开始负增长，人口老龄化进一步加速。2023年，老年人口数量将增加到2.7亿，与0~14岁少儿人口数量相等。2050年，老年人口总量将超过4亿，老龄化水平推进到30%以上；从2051年到2100年，中国的老龄人口规模将稳定在3亿~4亿，进入高度老龄化的平台期。

与此同时，我国与发达国家的人口老龄化趋势不同，我国农村的老龄化问题比城市的问题更严重，压力也更大。2000年，我国农村老年人口8557万人，占老年人口总数的65.82%，农村老龄化程度比城镇高出1.24个百分点，到21世纪后半叶，城镇的老龄化水平才会超过农村，并逐渐拉开差距①。

1.1.2 农村养老的国家动员

新中国成立初期，国家经济落后，财政困难，农村养老主要依靠土地保障和家庭支持，国家对农村养老的支持主要体现在对五保户等的照顾、救济上。等到了农业合作化和人民公社时期，农村开始实行

① 全国老龄工作委员会：《中国人口老龄化发展趋势预测研究报告（2006）》，中国网，2006年2月24日，见http：//www.china.com.cn/chinese/news/1134589.htm

人口和劳动量共同分配的模式，这种以农村集体经济制度为基础的集体养老模式使得农民在年老无劳动能力时，也可以依靠集体来获得养老的基本条件。改革开放以来，家庭联产承包责任制的广泛实行，重新激活了农村养老模式中土地保障和家庭支持的主导地位。

20世纪90年代伊始，农村社会养老保险为农村养老注入了新的能量。1991年，在国务院批示下，山东省烟台市牟平县等地开始试点探索农村社会养老保险制度，并取得了成功。1992年，民政部颁布《县级农村社会养老保障基本方案》，农村养老保障制度开始在全国范围内推广。到1997年年底，全国有31个地区（自治区、直辖市）的2000多个县开展农村养老保障工作，8000多万农民参加了保险①。

到1998年，国家主管部门对是否应该由国家举办农村社会养老保险问题产生了一定分歧，同时，再加上我国利率连续下降等原因，农村养老保险进入了衰退整顿期。相应的，西藏各地区农牧民养老保险的试点工作也在稍后几年里陆续中止。

2002年，党的十六大报告中明确提出："各地要根据实际情况合理确定社会保障的标准和水平，发展城乡社会救济和社会福利事业。有条件的地方，探索建立农村养老、医疗保险和最低生活保障制度②"，至此，农村养老事业进入了新的历史时期。在国家政策的支持下，各地陆续开始了养老模式和新型农村养老保障制度建设的探索。

2004年，党的十六届四中全会通过了《中共中央关于加强党的执政能力建设的决定》，决定指出："健全社会保险、社会救助、社会福

---

① 赵殿国：《农村养老保险工作的回顾与探索》，《人口与计划生育》，2002年第5期，第23－27页

② 江泽民：《在中国共产党第十六次全国代表大会上的讲话》，北京：人民出版社2002版

利和慈善事业相衔接的社会保障体系”。2005 年党的十六届五中全会通过了《中共中央关于构建社会主义和谐社会若干重大问题的决定》，决定进一步要求“完善社会保障制度，保障群众基本生活。适应人口老龄化、城镇化、就业方式多样化，逐步建立社会保险、社会救助、社会福利、慈善事业相衔接的覆盖城乡居民的社会保障体系”。

2006 年中央 1 号文件指出，按照城乡统筹发展的要求，逐步加大公共财政对农村社会保障制度建设的投入。……探索建立与农村经济发展水平相适应、与其他保障措施相配套的农村社会养老保障制度[①]。2006 年 10 月党的十六届六中全会进一步提出，“有条件的地方探索建立多种形式的农村养老保障制度”。2007 年 10 月，党的十七大报告指出“要建立覆盖城乡居民的社会保障体系，促进企业、机关、事业单位基本养老保险制度改革，探索建立农村养老保险制度”[②]。2008 年召开的党的十七届三中全会上，党中央通过《中共中央关于推进农村改革发展若干重大问题的决定》，其指出要通过贯彻广覆盖、保基本、多层次、可持续原则，加快健全农村社会保障体系。具体包括：按照个人缴费、集体补助、政府补贴相结合的要求，建立新型农村社会养老保险制度。创造条件探索城乡养老保险制度有效衔接办法，发展农村老龄服务等[③]。在 2009 年十一届全国人大二次会议上，温家宝总理在政府工作报告中进一步对农村社会保障体系的建设提出明确要求，

---

① 《关于推进社会主义新农村建设的若干意见》，中国网，http：//www. china. com. cn/chinese/PI－c/1130430. htm.

② 《高举中国特色社会主义伟大旗帜，为夺取全面建设小康社会新胜利而奋斗》——在中国共产党第十一次全国代表大会的报告：http：//news. xinhuanet. com/newscenter/2007－10/24/content_ 6938568. htm

③ 中共中央关于推进农村改革发展若干重大问题决定：http：//www. gov. cn/jrzg/2008－10/19/content_ 1125094. htm

"新型农村社会养老保险试点要覆盖全国10%左右的县（市)[①]。"当年8月，国务院召开全国新型农村社会养老保险试点工作会议，温家宝总理在会上指出："建立新型农村社会养老保险制度，为农村居民提供老年基本生活保障，这是党中央、国务院最近做出的又一项重大惠农政策，是国家朝着促进社会公平正义、破除城乡二元结构、逐步实现基本公共服务均等化的一个重大步骤。建立起这项制度，将会使农民'养老不犯愁'，逐步解决后顾之忧[②]"。

2009年9月4日，《国务院关于开展新型农村社会养老保险试点的指导意见》（以下简称《意见》）颁布，标志我国农村社会养老保障制度进入了一个新时期。《意见》要求，2009年下半年开始，国家先在全国选取10%左右的县（市、区、旗）进行新型农村社会养老保险试点，再逐步扩大试点，到2020年前基本实现农村社会养老保险全覆盖。2010年中央一号文件《中共中央、国务院关于加大统筹城乡发展力度进一步夯实农业农村发展基础的若干意见》要求各地"继续抓好新型农村社会养老保险试点，有条件的地方可加快试点步伐。积极引导试点地区适龄农村居民参保，确保符合规定条件的老年居民按时足额领取养老金"。"搞好农村养老院建设，发展农村养老服务，探索应对农村人口老龄化的有效办法"[③]。十一届人大四次会议中，温家宝在政府工作报告要求"加快健全覆盖城乡居民的社会保障体系"，"将新

① 温家宝在十一届人大二次会议所作的政府工作报告：http：//www. gov. cn/2009lh/content_ 1259471. htm

② 周毕芬，阙春萍：《构建欠发达农村养老保障模式的探讨》，《江西农业大学学报（社会科学版)》，2009年第8卷第4期：第80－84页

③ 2010年中央一号文件（全文)：http：//news. xinhuanet. com/politics/2010 －01/31/content_ 12907829. htm

型农村社会养老保险试点范围扩大到全国40%的县[①]”。与此同时，中国《国民经济和社会发展第十二个五年规划纲要》更是明确指出：要“实现新型农村社会养老保险制度全覆盖”“逐步推进城乡养老保障制度有效衔接[②]”。

1.1.3 藏区人口老龄化趋势的加剧

1985年，西藏出台《西藏自治区计划生育管理暂行办法》，虽然该规定在西藏城镇进行了较为严格的实施，但在广大农牧区更多只是宣传，西藏人口增长率虽有所下降，但总体依然处于较高水平（如表1.1所示）。郭志仪、曹建云利用中国人口信息中心提供的人口预测软件CPPS就第五次人口普查原始数据对西藏2006－2050年人口发展趋势进行了预测，当时的预测结果显示：2006年，西藏少儿系数（即0～14岁人口占总人口的比重）为29.85%，老年系数（即65岁及以上人数占总人口的比重）为5.44%，老少比为19.68%，年龄中位数为24.41岁[③]，随着时间的推移，老年系数将逐步增长，而少儿系数将逐步降低，到2050年，西藏人口的老少比将达到82.99%（如表1.2所示）。《西藏自治区2010年第六次全国人口普查主要数据公报》显示，藏区常住人口中，0～14岁人口为731683人，占24.37%；15～64岁人口为2117576人，占70.53%；65岁及以上人口为152907人，占

① 温家宝在十一届人大四次会议上所作政府工作报告：http：//www.gov.cn/2011lh/content_ 1825233.htm

② 中华人民共和国国民经济和社会发展第十二个五年规划纲要：http：//news.xinhuanet.com/politics/2011－03/16/c_ 121193916.htm

③ 郭志仪，曹建云：《2006－2050年西藏人口发展趋势预测》.《西藏大学学报》，2006年第4期：第6－13页

5.09%。同2000年第五次全国人口普查相比，0～14岁人口的比重下降6.82个百分点，15～64岁人口的比重上升6.48个百分点，65岁及以上人口的比重上升0.34个百分点①。西藏地区的平均预期寿命已由1951年和平解放前的35.5岁提高到目前的67岁。到“十二五”期间，西藏自治区也将进入老龄化社会，老年人将占西藏总人口达10%以上②。另据自治区老龄委办公室研究，目前西藏60岁以上老年人已达24万多人，随着人口老龄化的加剧，西藏老年人数量和社会化养老需求将持续增长。

表1.1　西藏人口出生率、死亡率、自然增长率

Table 1.1　the birth rate，mortality rate，and the rate of natural increase inTibet

年份	出生率（%）	死亡率（%）	自然增长率（%）
1990	26.0	8.9	17.1
1991	24.5	8.4	16.1
1992	23.6	8.1	15.5
1993	23.8	7.6	16.2
1994	24.9	8.7	16.2
1995	24.9	8.8	16.1
1996	24.7	8.5	16.2
1997	23.9	7.9	16.0
1998	23.7	7.8	15.9
1999	23.2	7.4	15.8
2000	19.5	6.6	12.9
2001	18.6	6.5	12.1

① 西藏自治区2010年第六次全国人口普查主要数据公报：http：//www. chinatibetnews. com/xizang/2011－05/07/content_ 693534. htm

② “十二五”期间西藏自治区将进入老龄化社会：http：//www. cncaprc. gov. cn/info/16688. html

续表

年份	出生率（%）	死亡率（%）	自然增长率（%）
2002	18.8	6.1	12.7
2003	17.4	6.3	11.1
2004	17.4	6.2	11.2
2005	17.9	7.2	10.8
2006	17.4	5.7	11.7
2007	16.4	5.1	11.3
2008	15.5	5.2	10.3
2009	15.3	5.1	10.2

资料来源：2010年西藏统计年鉴，第29页

表1.2 西藏人口年龄结构

Table 1.2 the age structure of population in Tibet

	2006	2010	2020	2030	2040	2050
老年系数	5.44	5.81	6.83	9.55	13.35	16.54
少儿系数	29.85	29.52	26.48	21.83	21.56	19.93
老少比	18.22	19.68	25.79	43.75	61.92	82.99

资料来源：郭志仪，曹建云. 2006－2050年西藏人口发展趋势预测［J］. 西藏大学学报，2006（4）：6－13.

1.1.4 西藏农牧区养老尚存掣肘

1986年，全国开始探索农村社会养老保险制度。西藏自治区紧跟全国步伐，于1987年启动养老保险制度，并不断对其进行改进和完善。1997年，国务院针对企业职工基本养老颁布了《国务院关于建立统一的企业职工基本养老保险》，文件要求统一全国城镇企业职工基

本养老保险制度，确立了社会统筹与个人账户相结合的养老保险基本制度模式。1997 年年末，中国农村社会养老保险进入整顿、调整阶段，受此影响，西藏林芝地区陆续开展的农保基金征收工作，在持续了 3 年左右的时间后，于 2000 年前后陷入停滞。

2006 年，《西藏自治区完善企业职工基本养老保险制度实施方案》《西藏自治区完善企业职工基本养老保险制度实施细则》出台，西藏自治区开始进一步完善城镇职工基本养老保险制度。2009 年 8 月 18 日，国务院召开全国新型农村社会养老保险试点工作会议，颁布《国务院关于开展新型农村社会养老保险试点的指导意见》。西藏自治区结合各地区的实地调研报告（笔者就参与了林芝地区的调研），于 12 月 19 日发布了《西藏自治区人民政府关于开展新型农村社会养老保险试点实施方案的通知》，对 2000 年前后停滞的“老农保”与“新农保”制度进行了一定的衔接和制度重建。截至 2010 年 6 月，西藏尚未纳入新农保试点的 66 个县已全部列入 2010 年扩大试点县范围，实现了新型农村社会养老保险制度全区覆盖，涉及西藏农业人口 221 万人①。

虽然对西藏实行新农保的全覆盖这一举措填补了长久以来西藏农牧民养老保险的空白，但新型农村养老保险政策是否能完全满足西藏农牧民的养老需求？鉴于西藏特定的文化、经济和社会发展现状，西藏农牧民养老到底在哪些方面还需要进一步改进？怎样的养老模式适合西藏农牧民，并确保他们获得不低于全国平均水平，甚至更高水平的养老保障？这些都是值得深入探讨并亟待解决的问题，这对维护祖

① 西藏实现新农保制度全覆盖惠及 221 万农牧民：http：//news. xinhuanet. com/local/2011 - 04/25/c_ 13844999. htm

国统一、维持西藏和谐稳定繁荣发展具有重大的理论价值与现实意义。

1.2 文献综述

1.2.1 基础理论

养老模式的制度设计，最初诞生于19世纪的德国。从历史的维度来看，养老模式并不是单纯某一特定时期的社会制度安排与政策实践，而是社会政治经济发展到一定历史阶段的产物，也是社会各阶级和阶层利益博弈的结果。无论是养老模式本身，还是它的制度设计，与经济资源分配、社会公平、政府责任等密切相关，同时也受到了社会理论基础和价值偏好的影响。

鉴于社会保障核心的社会保险问题最初直接来源于经济领域，经济学各理论流派无论从影响时间、影响程度，还是影响范围，均对社会保险，特别是对养老保险有着巨大的影响。社会保障事业走向成熟和完善的标志是立法。社会保障政策的条文化、具体化和法制化通常表现为各种法律法规的制定和实施。很多学派都主张国家通过立法来保证社会保险、孤寡救济、养老等社会保障政策的实施。法学理论为社会保障的法制化、规范化提供了有力的理论与实践指导，使国家社会保障制度逐步走上法制化的轨道。

生育理论对生育率下降、生育模式转变等生育率理论，以及妇女生育率和人口出生率的未来变动趋势进行了研究，为社会保险尤其是研究制定养老社会保险、老年福利具体政策提供了有益的理论参考和依据。

死亡变动理论中的一般死亡率变动趋势、分年龄死亡率变动趋势以及不同性别死亡率变动趋势的理论，也是养老保险需要研究的基本理论。这些理论对设计和考虑老年社会保险、死亡社会保险等具体政策、方案具有重要的参考价值。

现代结构功能主义的创始人帕森斯将社会保障视为社会整体中一个必要的组成部分。社会保障制度不同，是因为社会结构不同，社会保障制度的设计是对社会结构的重塑。脱离理论、活动理论、连续性理论、老年亚文化群理论、年龄分层理论等国外老年期社会学理论从社会学的角度揭示个体老龄化原因，解释个体老龄化过程，总结个体老龄化和适应老龄化的社会学规律。

脱离理论从理论上总结老年人口与社会互动的关系特征，并提出，老年人身心衰弱，不宜继续担任社会角色，应该脱离社会，这既有利于老年人，又有利于社会。

活动理论由美国学者罗伯特·哈维特斯特提出，强调参与、活动与社会的认同，认为老年人只有在社会互动中才能真正找到生活的意义，主张要通过新的参与、新的角色改善老年人因社会角色中断引发的情绪低落。

连续性理论重在解释老年人晚年生活的差异性，认为老年期的生活方式往往受到中年期生活方式的影响。

老年亚文化群理论强调老年群体的共同特征，强调同一领域成员的老年亚文化群是老年人重新融入社会的最好方式。

年龄分层理论认为不同年龄有不同的社会功能、权利和义务，当年龄从一个层次转移到另一个层次时，社会赋予人们的角色与责任也就会发生相应的变化[①]。

多数理性投票理论认为，社会保障等公共决策是由数量最多的中间选举人决定的。在大多数国家，老年人与即将迈入老年的中年人结盟去实施养老政策——现收现付制的养老金体系。

社会公平原理代表罗尔斯认为，社会公平是制度的基本目标。每个社会成员都拥有基本的不受侵犯的公平权利，即使作为整体的社会福利，都不能凌驾其上。社会公平有双重目标：一是在道德层面上，公平是每一个人所渴望的，应为每一个人所拥有；二是在制度层面上，只有被认为是社会公平的制度才能存在下去。

代际伦理关系原理强调"代际伦理关系"就是人类代与代之间伦理关系和伦理规范的总称，是社会伦理关系和伦理形态的组成部分。代际间存在着"代际互动的变迁"和"代际冲突"这两方面问题。"代际互动"主要体现在经济交换、文化交换和感情交换等三个方面，是由于社会不断发展、人口结构变化等导致的家庭结构变化而带来的问题。经济交换、文化交换和感情交换的出现，必然影响家庭中、代际间产生新的相互评价和态度，进而影响代际关系。"代际冲突"是由于代际互动变迁，代际间必然出现的未曾有过的矛盾和冲突，它给老年人的晚年生活带来了困难，他们的需求不能被青年一代接受，往往无法得到满足。在发达国家，老年人社会支持网与其他各公共机构非常发达，虽然实现了某些家庭职能社会化，但家庭仍然承担着养老等主要职能。某些家庭职能虽然通过社会化而缩小，但一定程度上只是执行功能的外溢，主要责任仍然由家庭承担。虽然现代社会的家庭

---

① 张广利：《社会保障理论教程》，华东理工大学出版社2008年版，第414－419页

养老职能正渐渐为社会养老职能所取代，但在我国，当前有两个基本因素制约着这一进程：一是文化因素，传统孝道文化根深蒂固地影响着人们的心理和道德观念；二是现实因素，社会经济条件尚无法促使社会来完全承担养老职能。代际关系的发展趋势还将对我国的养老模式选择起到决定性作用。

社会交换理论强调社会生活中人们相互交往的外显行为，并用“代价—报酬”模型来分析社会行为和社会关系。该理论认为社会互动的实质是人与人之间的交换酬赏和惩罚过程。人是理性的，对过去无法改正，能做的只有对未来尽可能理性地分析，并准备实施某些交换，这些交换并非纯粹金钱或物质的交换，其收益有滞后性。老年人的精神慰藉和赡养问题也属于这种交换。当子女幼小时，父母给予子女物质上和精神上的抚育，当父母年老时，他们的收益就应是子女们的赡养。有些学者提出，在我国用社会交换论来解释老年人的赡养问题过于简单，但用该理论的基本精神即“互惠意识”来解释老年人家庭照顾基本符合我国国情。“互惠意识”就是人们会感到有义务帮助那些曾经帮助过自己的人。我国强调家庭整体意识，强调子女孝顺，西方则强调个人主义。在我国，家庭传统强调子女赡养自己的父母，而在西方发达国家，孩子成人后，家庭往往就进入空巢期，家庭出现了分化。互惠意识的基础是分析父母与子女的关系，父母早年抚养了孩子，物质上和精神上满足和照顾孩子的需要，那么孩子在父母年老时，就有义务照顾好父母，无论是物质的还是精神的，这是社会交换论的本质所在，包含了物质和非物质的交换。在我国农村，子女对老年人的精神赡养负有不可推卸的责任。当人们年轻时通过努力为社会的物质文明和精神文明做出了贡献，当他们年老时，就应该从社会和国家交换回属于自己的物质和精神赡养，社会和国家同样对老年人的赡养负有责任。

布迪厄的实践论分析了文化冲突下的养老模式的变化。在结合社会学、人类学、哲学、宗教学和文化学等领域研究的基础上，他的理论的核心范畴包括场域、资本、惯习三个概念。场域是社会研究的一个基本单位，人类社会由不同的场域组成，如艺术场域、宗教场域或经济场域。场域是在一个相对独立的社会空间中，各社会关系的集合。养老模式是文化系统下的一个子场域，而养老场域的变化因其他场域的变化而不断改变。资本包括经济资本、文化资本、社会资本以及符号资本。这些资本类型之间，存在相互转换的可能。一个人一旦拥有雄厚的经济资本，就有可能拥有很高的社会地位，甚至得到很多社会头衔。这些资本都和权力密切联系，虽然各种资本具有一定的自主性，但归根到底这些资本都受到经济资本的制约和影响。调研发现，布迪厄的上述思想有其现实基础。有些老年人偏向于传统的家庭养老模式，迫于家庭经济资本的压力，在文化资本与经济资本发生冲突时，文化资本对经济资本采取了妥协，老年人选择了并不喜欢的养老院。惯习将场域与资本两个概念从理论上联系了起来。惯习具有稳定性，儿时的经验会铭刻于人的心智深处，在一定程度上支配个人的行动。在一个经验领域中习得的经验会在另一个经验领域发生相似结果，也会在社会条件的影响下慢慢发生改变。

从养老及其保障理论的演变历程来看，无论是国家干预主义、经济自由主义，还是类似的中间道路，各经济学派在西方国家的养老模式及其制度基础构建的过程中都起了重要的指导作用。相对于经济学派，社会保障的国家政治理论更强调国家、政府和社会在社会保障体系中的责任和作用，认为社会保障尤其是养老保险体系是代表不同利益集团的政治力量相互斗争或博弈的结果，不同利益团体在社会保障制度安排上的影响与作用与该团体在一国政治生活中的力量与地位成正比。国家政治理论更侧重于认为享受社会保障是每个公民的基本权利，强调从社会公平的角度去解释和建构社会保障制度。“二战”后，人口学、社会学等其他学派取得了长足发展，对养老模式及其保障制度起到不可忽视的作用。它们为养老保险等制度的形成、发展与完善，提供了技术层面的重要支持和建立相关配套制度的方法与思路，同时强化了人们对养老保险等保障制度与一国政治、经济、社会及历史文化、民族传统间内在联系的分析和认识。20 世纪上半叶以前，经济学理论与政治学理论分野相对明显。20 世纪后期以来，经济学、政治学、社会学、人口学等社会保障相关理论流派研究领域正日益扩大，涉及范畴越来越广，并呈现交叉融合趋势，经济学家重新重视公平、政治学家和社会学家则重新审视效率；出现以政治经济学、经济社会学、人口社会学、政治社会学、人口经济学等交叉学科为代表的整合研究、跨领域研究态势，养老模式及其保障基础的研究深度、广度和力度都得到拓展。“嵌入理论”和“路径依赖”等理论又为学者们在研究某一国家、地区、城镇和乡村的养老模式及其保障基础时提供了多元而特殊的视角。

1.2.2 藏族宗教与养老

藏族社会几乎是一个全民信教的社会，无论是藏传佛教的历史地位还是其现实功用，藏族社会的传统对日常生活都有着重大影响。藏传佛教的基本观点主要包括重来世、轻现世，无私无我，慈悲行善，忍辱无争，因果报应，尊敬师长，孝敬父母，诚实守信，善待子女等方面。黄夏年在《佛教伦理的现代意义——全球伦理视域下的考察》中分析了佛教金刚“不喜不悦”“己所不欲，勿施于人”的两条基本伦理准则，并认为佛教伦理保持着与全球人类伦理相同的价值观和道德意识与境界。

著名西方宗教学家保罗·提里利认为：“作为终极关切的宗教是赋予文化之意义的本体，而文化是宗教的基本关切表达自身形式的总和。”国内哲学家贺麟先生与梁漱溟先生也同样认为，宗教是文化的本体，文化是宗教的形式。藏族传统文化中包含着藏传佛教，同时藏传佛教也是藏族传统文化的根源。

宗教世俗化是相对宗教神圣化而言，随着社会的理性化，宗教对社会的影响日益缩小。藏传佛教经历世俗化后，变得更加关心现实，重视人们的世俗利益；藏传佛教的部分信仰日益接近生活现实。在藏传佛教文化的传承上，有寺院内的宗教传承、家庭为单位的代际传承、习俗宗教禁忌为载体的宗教传承。寺院组织内部，藏传佛教主要通过师徒间的口耳相传实现。在全民信教的藏区，宗教信仰的坚持与宗教知识的内化，是藏区社会个人社会化的重要内容，同时也是藏区社会表达群体认同的方式，“家庭宗教教育是藏传佛教个体社会化的重要资源，而且也是藏传佛教自身文化传承的载体。最后，值得一提的是，宗教禁忌在藏族日常生活中也是藏传佛教教义理念的承载体”①。

① 闫翠娟：《藏传佛教与藏区民众日常生活的关联性分析》苏州大学2007年

1.2.3 中西养老述评

（1）中国养老的历史

从家庭发展的历史来看，我国的家庭养老大致分为三个阶段。第一阶段是夏商周时期的宗族大家庭养老。当时以宗族为单位的聚居生活开始出现，而以氏族为单位的群体生活逐步解体。家庭还未成为独立的经济单位或社会单位，婚姻、家庭关系等社会秩序靠习俗和道德来维系。第二阶段是秦汉时期的小家庭养老。随着私有制的出现，尤其是铁制工具、牛耕、水利灌溉的出现，社会生产力水平得到较大提高，小家庭逐渐成为独立的经济单位和社会单位，宗族组织开始逐渐被改变。在国都和城邑就设置"掌老"这一官职，对达到一定年龄的老年人给予子女免役和物质补助等条件。第三阶段是共同居住并共享财产的大家族、大家庭养老。封建社会统治阶级为了缓和阶级矛盾，维持长期统治，都采取了一些包括养老模式在内的社会保障措施。如宋代出现的居养院、福田院；明清时代制定的涉及养老、灾害救济和济贫助困的政策、法令等①。历朝历代对子女不孝的行为，处罚一直很严厉，尊老爱老的思想开始根深蒂固，家庭承担了养老的主要责任。

经过新中国成立初期的土地改革，我国建立了以农民个体所有制为基础的土地制度，农民在法律上真正拥有了土地的所有权。但同时，新中国成立不久，我国的国民经济和国家财政都很困难，国家对农村老年人养老模式的支持，主要体现在社会救济上。1956 年，完成了农业社会主义改造后，农业高级合作社普遍建立，我国农村集体经济制

① 王树和：《转型期中国农村养老保障问题研究》山东农业大学 2006 年

度基本得到确立。与传统的养老模式相比，合作社的建立使以农民个体所有制经济为基础的家庭模式和相应的保障功能迅速退化，以集体为主导的平均主义分配制度潜在地发挥着养老保障的功能，这也是我国历史上第一次出现的，建立在农村集体经济平均主义分配制度基础上的集体养老模式和保障机制①。当农民渐渐年老并失去劳动能力后，可以通过集体平均分配获得“口粮”——基本养老保障；这种方式客观上保障了年老社员和他的家庭成员。

改革开放后，我国实行的家庭联产承包责任制，给农村生产经营方式和分配制度再次带来了重大改变，集体经济重新被家庭经济形式所取代。1986 年，民政部等部委在江苏沙洲召开了“全国农村基层社会保障工作座谈会”。会议决定在农村因地制宜地开展农村社会养老保障工作，并在一些经济发达地区先行试点社会养老保险工作。到 20 世纪 90 年代中后期，由于政府机构改革，再加上国家利率连续下调等原因，这些地区农村社会养老保险工作陷入停顿状态。直到党的十六大提出，有条件的地方要“探索建立农村养老、医疗保险和最低生活保障制度”，农村养老保障工作才得以重新启动。

(2) 西方养老的历史

家庭养老在西方社会一直处于从属地位。古代欧洲，家长制是家庭的核心，家庭关系是占有和被占有、支配和被支配的关系。但这种权威的家长制由于核心家庭的属性以及代际财产传递的特点而很快结束了。中世纪的欧洲，以日耳曼民族为代表的蛮族入侵，将他们的家庭惯习带入欧洲大陆，并产生了很大影响。这种家庭模式虽然有扩大

① 黄佳豪:《建国 60 年来农村养老保险制度的历史探索》,《理论导刊》, 2009 年, 第 65 - 67 页

式家庭的外表，但核心家庭才是主流家庭的类型，中世纪的欧洲，不少贵族加入基督教，步入老年之后常将财产赠予修道院，从而被接纳加入宗教团体，保障了老年时期的赡养。从中世纪开始，欧洲的广大农村还流行一种老年人与年轻人签订退休协议的习俗。随着工业化水平的不断提高，国家从最初为了社会稳定而建立专门的社会保障制度，渐渐成为对公民的基本责任，社会养老日臻完善。在现代欧洲，儿童从小就知道赡养老年人是国家的主要责任，老年人也较好地得到了国家和社会提供的物质保障。

1.2.4 国内外养老模式对比梳理

西方传统社会存在3种养老模式及其保障方式：农民依靠土地自给和家庭支持养老；市民通过基尔特或兄弟会养老；老年穷困人口通常能从教堂得到帮助。陈厚义（2010）认为随着工业化、城镇化进程不断深入，传统养老方式日渐式微，现代社会养老及其制度体系诞生并逐步完善，到1999年，166个国家建立了养老保障体系①。

（1）国家养老模式的国际比较

德国的养老制度主要依靠“法定养老保险”和“补充养老保险”来实现。方芳（2010）发现除了在资金来源、支出分配上建立较为完整、前瞻的养老保险制度外，德国政府还从人文关怀、社会关爱、康残互助及全员护理的角度，采取措施，解决养老制度中日益突出的

① 陈厚义：《借鉴发达国家经验——构建中国特色社会养老保障制度》，《中国国情国力》，2010年第7期：第4页

"人力需求"矛盾，如推出一项"储存个人服务时间"的制度等①。在养老金给付上，年龄和缴费是农民享受养老金需具备的基本条件。养老金支付主要是现金支付，也有实物支付。德国建立了特殊的实物给付方式：经营帮工和家政帮工，不仅考虑到了农业生产与经营的特殊性，也创造了工作岗位，具有就业效应。在农村社会养老保险制度建设中，各国政府从立法、组织实施、资金投入到监督管理等各个方面，承担不同的责任。德国政府对农村社会养老保险的补助占70%，在德国所有社会保险项目中，农民养老保险是唯一得到政府补贴的项目。

英国的养老金制度起源于19世纪末，到1908年颁布实施养老金法基本建成。英国养老金制度历经不断变化和多次改革，采取了二支柱结构形式。第一支柱结构是统一缴费的"国家基本养老金"；第二支柱结构是与个人收入相关联的养老金计划。

1935年，美国国会通过了《社会保障法》，设立了社会保障署，由联邦政府直接管理老年保险计划。目前，美国的养老金制度主要包括老年及遗嘱保险、残疾保险两个险种。王明梅（2011）发现在长期发展和不断调整下，美国逐渐形成了包含政府养老金、雇主养老金和个人储蓄养老金在内的三大支柱养老金体系②。

荷兰的养老保障制度建立了三大支柱式养老保障体系。一是公共养老金，二是职业养老金，三是个人养老金。荷兰政府重视构建居家照料体系，强调家庭成员精神支持是护理老年人的制度基础，大量投

① 方芳：《国际化视野下养老保障制度比较研究》，《南京人口管理干部学院学报》，2010年第26卷第4期：第39－42页

② 王明梅：《国内外养老保险制度的状况及差异分析》，《福建金融管理干部学院学报》，2011年第1期：第33－38页

资建设老年设施，并支持家庭和社区互助式服务机构，让老年人尽可能地在社区内生活。

1961 年，日本建立基础养老金（国民养老金）制度。明确规定 20 岁以上的国民都有义务加入基础养老金，从此日本实现了“全民皆有养老金”。随着经济社会的发展，日本进一步建立了以企业员工为对象的厚生养老金，以及以公务人员为对象的共济养老金。厚生养老金和共济养老金采用“后代人扶养前代人”的社会保险方式，资金来源则是个人和企业对半分担。

新加坡的养老保障制度是以中央公积金制度为基础。最初，这是政府为新加坡受薪人员设立的强制性养老储蓄计划，后来发展成为全面的，可以满足人们退休、购房、医疗保健和教育等需要的养老保障制度。

从短期看，各个国家国情不同，养老保险制度有较大的差别，不存在统一模式。从长期看，各国在农村养老保险制度建立过程中，都有一定的规律可循。各国农村社会养老保险从建立到发展都经历了很长一段时期。德国城乡养老保险制度建立间隔 68 年，日本间隔 30 年，丹麦间隔 86 年，美国间隔 55 年，加拿大间隔 63 年，而且都呈现出了从城市到农村、从工业到农业、水平由低到高、覆盖面由窄到宽的规律和过程。

从资金来源上看，各国农村养老保险的资金来源分为：政府出资、政府和个人共同出资以及个人出资三大类。政府出资模式主要是发达国家，如英国、瑞典、加拿大等，此类国家实行全民福利保险型模式，借助财经政策调节作用来保障老年人晚年生活、缓解社会矛盾，贯彻“普惠型”原则，保障水平也较高。但在一些发展中国家和不发达国家，如斯里兰卡和南非等，由于无法实施全民型的社会养老制度，往往实行特殊群体养老金救助制度，来保障生活特别困难的农村老年人享有基本养老保障。政府和个人共同出资模式，以德国、日本、美国、韩国等为典型代表。其实现形式主要有两种：一是针对农村人口开设独立的养老制度；二是直接将城市制度向农村延伸。该模式强调“援助自助者”理念下的“个人责任”，实行现收现付与积累相结合的资金筹集。钟莹（2010）认为，就个人出资而言，世界上较少国家实行，新加坡是实行比较成功的国家，保险金由雇主及雇员按照工资收入一定比例分担，以职工个人名义存入个人账户，在职工退休或有其他的生活需要时，将该费用连本带息发给职工个人[①]。智利政府在养老保障中强调市场化管理个人账户，主要特征有，落实个人账户，鼓励私营机构管理，政府解决转制成本；国家提供法律保证；国家加强宏观监控并承担最后的风险[②]。

（2）家庭养老模式的国际比较

跨文化的考察表明，家庭养老方式不仅在目前而且在今后，不仅在中国而且在其他国家仍然保持着生命力[③]，家庭成员仍然是老年人获得照料的主要提供者。

新加坡和韩国同属于东方儒家文化圈[④]范畴，在国家与个人之间

---

① 钟莹：《国外农村养老保险制度的比较研究及对我国的借鉴》，《农村经济与科技》，2010 年第 5 期：第 75 – 76 页

② 张会丽：《国外养老保障制度中的政府作用及启示》，《经济导刊》，2010 年第 5 期：第 14 – 15 页

③ 陈洁君：《国内外养老模式的比较与借鉴》，《. 经济与社会发展》，2006 年第 4 卷第 4 期：第 68 – 70 页

④ 儒家文化圈主要包括中国、朝鲜、韩国、日本、越南、新加坡等地。刘云香：《儒家文化圈背景下的家庭价值观与社会保障制度》，《重庆邮电大学学报（社会科学版）》，2009 年第 21 卷第 6 期：第 55 – 58 页

还有一个凝聚力极强的共同体——家庭。以家庭关系为起点，儒家文化强调家庭内部要“父慈子孝”“夫义妇顺”“兄友弟恭”，家庭成员间互相负责、互帮互助。在社会关系上，“以伦理组织社会”，整个社会的各种关系一概家庭化。

布罗迪（1985）指出，虽然美国社会主张个人权利的重要价值，美国的老年人需要子女赡养和照顾时，他们的子女并没有因为个人权利而抛弃父母①。美国虽然没有“孝”概念，但类似观念还是存在的，只不过美国的孝观念更多地体现在宗教文化中，而非家庭道德中。它强调子女对父母的尊敬，家庭成员间的独立和平等，而不是中国孝文化的顺从。现代美国家庭仍然是老年人重要的生活依托，是老年人社会支持和生活照顾的主要来源之一。许多老年人认可家庭养老的形式，许多年轻人也乐于接受。

从具体的家庭养老模式看，新加坡在推行中央公积金制度为老年人的生活提供了一定经济保障的同时，还致力于通过政府引导、立法和经济援助等手段倡导家庭养老的模式。一是政府加强宣传，特别强调家庭的重要意义与价值。二是制定“奉养父母”的法律。1994 年，新加坡成为世界上第一个将“赡养父母”立法的国家。凡是拒绝赡养或资助贫困的年迈父母者，父母可以向法院起诉子女，一旦证实，法院将对子女判处罚款一万新加坡元或一年有期徒刑。三是对与老年人同住的组屋申请者提供便利和优惠。包括价格优惠，租赁或购买组屋时间优先等。分配政府组屋时，对二代同堂的家庭也给予价格优惠和优先安排。还规定单身男女青年不可租赁或购买组屋，但如愿意与父

① 葛兰娜·斯皮羡、罗素·沃德、边燕杰：《谈谈美国的家庭养老——兼与中国社会学同仁商榷》，《社会学研究》，1989 年第 4 期：第 110－118 页

母或四五十岁以上的老年人同住，可优先。对父母遗留下来的那一间房屋享受遗产税减免的优待，前提条件是必须有一个子女同丧偶的父亲或母亲居住在一起。四是政府推出一系列津贴计划鼓励儿女与老年人同住。包括1993年推出的12个“公积金填补计划”“三代同堂花红”等[①]。

在美国，虽然法律没有限定子女供养父母的责任，家庭养老方式也不像新加坡那样得到政府许多额外照顾，但家庭养老在欧美国家依然存在，其内容更侧重于对老年人社会的情感支持，满足老年人精神和情感的需求。具体而言，美国老年的经济赡养并没有依据人们的血缘关系，将家庭赡养重点指向子女对父母的赡养，而是依据代际赡养制度，确保子女一代人承担对父母一代人的经济赡养义务。社会养老及其保障提供的支持，是老年人最重要的收入来源，占65岁以上的老年人全部收入的40%，剩下的部分，分别来源于退休金、再就业工资、个人储蓄和投资利润；不到2%的收入来源于“其他”（包括家庭资助）[②]。经济上不接受子女赡养，很少和亲属共居的生活方式，并不是说老年人是完全被孤立起来的，其实，老年人仍是家庭网络中的组成部分。老年人仍然和子女保持着密切联系和较频繁的接触。有调查显示，一半以上的有子女的老年人，和自己的某一个子女住在同一个城市或镇上，相距几条街，联系很方便，三分之二的老年人每周至少和子女见一次面。即使是不在一起居住的亲属，也经常用电话和信件联系。目前美国有160万生活不能完全自理的老年人，约有220万人

① 胡灿伟：《新加坡家庭养老模式及其启示》，《云南民族大学学报（哲学社会科学版）》，2003年第20卷第3期：第35－38页

② 葛兰娜·斯皮羡，罗素·沃德，边燕杰：《谈谈美国的家庭养老——兼与中国社会学同仁商榷》，《社会学研究》，1989年第4期：第110－118页

（绝大多数是家庭成员）为这些老年人提供每周7天的服务，平均每天4~5小时的无偿照顾，包括帮助老年人洗澡、备餐、采购、起居等日常活动。

近年来，社区支持老年人的家庭养老模式得到发展，即以社区为基础提供正式服务，特别是上门服务来增强老年人在家庭里的生活能力。如美国实施的“社会服务街区补助计划（The Social Services Block Grant Program）在各州就力图帮助和支持老年人在家里有独立活动能力，为老年人提供较多服务项目，如家政服务、提供膳食等，所有住在家的老年人都能获得这样的服务。有一些美国公司实行弹性工作制，允许雇员请“家庭假”照顾老年人。还有的公司集中培训雇员，让他们学习帮助老年人、照顾老年人的知识和技能，以及怎样取得社区服务，等等。也有一些公司与社区组织配合，设立短期服务项目，以便在职的成年人有度假的机会。将来，可以估计，这些做法会成为一种发展趋势。

在韩国，随着高龄化现象的加剧，赡养老年人的问题已不是单纯地赡养自己父母一代老年人的问题，而是一对年轻的夫妻需承担赡养两代、甚至三代老年人的复杂问题[①]。韩国“家庭照顾第一，公共照顾第二”“强化家庭福利与强调家族主义”的基本政策、强迫提前退休的政策、社会支持系统服务老年人滞后于经济发展水平等因素，使得家庭照料老年人的负担沉重。退休后，老年人由传统的一家之主变为主要照顾孙子女和照料整个家庭的管家，他们往往是被孤立于社会

---

① 李玉子：《中韩日老年妇女的福利政策及生活》，《云南民族大学学报（哲学社会科学版）》，2003年第20卷第3期：第30－34页

和家庭之外，成了现代社会的牺牲品①。虽然韩国实施国民年金制度、医疗保险制度，但年金的全面给付需要很长时间，医疗保险的享受范围又受到很大限制，韩国强制性提前退休政策使得韩国老年人经济方面主要还是依赖子女。韩国政府对赡养60岁以上老年人的直系亲属者，或在亲属中，有和65岁以上的老年人共同生活者，免除48万韩元/年的所得税；对父母和子女有各自的住房，过去没有生活在一起，又重新合在一起生活者，免除其一方住房租售的所得税。1995年7月，韩国政府还对公务员实行“行孝休假日”，即凡是公务员的父母或者岳母或公婆过生日，可准假一日为老年人过生日，不与老年人生活在同一城市的，还可以放宽休假日的时间。

1.3 概念界定

1.3.1 老年人

老年人含义的界定是认清养老模式及其保障基础的前提。生物学、心理学、社会学等各学科都从不同的研究视角对其进行过界定。生理年龄是人们根据个体细胞、组织、器官系统的生理状况、生理功能来判定个体的年龄，是个人生命历程在其生命周期中所处的位置或是所达到的生理阶段；心理年龄是根据人们对人世的不同生存态度、人生体验而做出的年龄评价；社会年龄是一个人在和其他社会成员的

---

① 谢泽宪：《韩国家庭养者能走多远冬》，《社会》，2000年第3期：第30－32页

关系上扮演的角色或是在社会习惯方面所表现的年龄，社会角色的转换是判断人们社会年龄的重要依据。

上述定义对“老年人”含义从不同角度进行了诠释，国际上对老年人的年龄界限并没有统一标准，一般在发达国家和地区规定为65岁（挪威等北欧国家67岁）以上，在发展中国家和地区规定60岁以上为老年人。1980年亚太地区老年学会议期间，世界卫生组织（WHO）召开的工作会议正式提出了亚太地区60岁以上为老年人。1982年4月，中华医学会老年医学学会确定，60岁（包括60岁）作为我国划分老年人的标准①，人口学理论界将80岁及以上人口定为高龄老年人。值得注意的是，对于这种“老年”的定义，联合国在划分老年人口的起点和人口年龄结构分型的划分时都有一定的前置条件，比如“如果人口可以被硬性地分为年轻型、成年型和老年型人口的话”（1956年）。同时，联合国社会发展和人道事务中心在《1991年世界人口老龄化的现状》中对“老”进行定义时也不得不承认：“如果老年人不一定是生病、残疾、丧失劳动能力或不参加社会活动，那么老的特征是什么？显然，有关年龄的概念很模糊。”②

鉴于此，有学者提出了经济老年人的概念，经济学意义的老年人没有严格年龄标准，其主要指一个有劳动能力的人，随着年龄增长，其劳动能力从强化逐渐转向弱化、直至最终失去劳动能力，同时，其社会角色相应由生产者和消费者的统一体转向纯粹的消费者的过程，其间，虽然心理成熟度在逐步提高，但是当年龄增长使他不能提供劳

① 曲江川：《老年社会学》，《科学出版社》，2007年，第22页

② 王洵：《老年人口与人口老龄化标准再认识》，《山东医科大学学报（社会科学版）》，2000年第4期：第13－15页

动这一基本生产要素时，他便成为经济学意义上的老年人，即“经济老年人”。一个年龄大而有劳动能力的人，不称其为经济老年人；一个曾经有劳动能力的人，因为身体状况欠佳，或因所受科学文化教育不深，导致其失去从事体力劳动和脑力劳动的能力，即使年龄未达到60或65岁，他也属于“经济老年人”的范畴。

本文主要参照人口学界定标准，并按照西藏老年人人均预期寿命实际特点，确定本文所指老年人是男性60岁及以上，女性55岁及以上的西藏林芝林牧区老年人。

1.3.2 人口老龄化

人口老龄化，是指一个国家或地区因人均预期寿命不断延长而使老年人口在人口中的比重上升和人口年龄构成老化的社会发展过程。国际社会通常把年满60岁及以上的人口称为老龄人口，把60岁及以上的人口占总人口比重的10%或65岁及以上人口占总人口7%以上的国家或地区称为“老年型国家”或“老年型地区”①。人口老龄化可具体分为底部老龄化与顶部老龄化，底部老龄化是由于年龄金字塔底部少儿人口增长减慢造成，而顶部老龄化则是由老年人口增长加速导致。在发达国家，由于其老龄化经历的时间较长，因此，他们经历的是人口由底部老龄化到顶部老龄化漫长的演变过程。而在我国，人口预期寿命的延长，特别计划生育政策的推行，底部老龄化与顶部老龄化同时进行，人口老龄化加速，老龄化趋势严峻。

① 郑功成：《社会保障学——理念、制度、实践与思辨》，《商务印书馆》2008年版：第225页

1.3.3 养老与养老模式

养老的实质即代际交换。费孝通先生曾指出，中国家庭结构中，子女赡养父母的方式就是一种“反哺模式”，体现养儿防老的均衡互惠原则①。没有父母的抚养投入，年幼的子女就无法生存、成长；父母丧失劳动能力后，没有子女的赡养，就无法安度晚年。穆光宗认为，养老是由老年人的特点决定了必须对子女或多或少存在着一些依赖性需求。这种“依赖性需求”是养老问题的根源。韩明友认为，与养儿比较，养老是人类独有的社会学现象，可在家庭内部进行，也可在家庭之外的整个社会进行。社会养老从一定意义上就是社会代际交换。

模式是解决某类问题的方法论，是由众多规律构成的固有的系统表现形式。养老模式，即在社会养老实践中，为解决人口养老问题、缓解人口老龄化趋势而探索、总结出来的系统的、典型的方式方法。侯志阳曾谈到，划分养老模式的标准不在于具体的养老地点和形式，而在于养老的资源②，即老年人经济供养、生活照料和精神慰藉的来源。穆光宗认为，养老经济供养、生活照料、精神慰藉，根据这三方面，至少我们在理论上可以将养老模式分为三种，即家庭养老、社会养老和自我养老③。

① 熊跃根：《成年子女对照顾老年人的看法——焦点小组访问的定性资料分析》，《社会学研究》，1998 年第 5 期：第 72 – 83 页

② 侯志阳：《困境与出路：管窥居家养老》，《市场与人口分析》，2005 年第 4 期：第 72 – 75 页

③ 陈赛权：《中国养老模式研究综述》，《人口学刊》，2000 年第 3 期：第 30 – 36 页

1.3.4 林牧区与农牧民

农牧区是指以传统农业和畜牧业为主要经济生活方式的地区，而林牧区则特指林业资源丰富的传统农牧区。农牧区相对于传统农业区而言，土地面积更加广袤，人口密度较小，农牧区的人们交往和贸易相对更加困难，农业作物的产出小于畜牧业的产出。林牧区具有传统农牧区的特点，同时区域内山川森林密布，有着丰富的林木资源和林下资源，在这里林业产出的经济效益远远大于传统农业，甚至超过了畜牧业的产出；由于山路崎岖，林牧区的人们交往和贸易也有很多困难。以林芝地区为例，森林覆盖率为46.1%，木材蓄积量为8.82亿立方米，许多年来林芝每年的原木采伐量都保持在18万立方米左右，林牧区的特点非常显著。林下资源和经济林木也是林业资源的一部分，林芝地区的森林中，仅生长的可食用菌类就有120多种，有味美珍贵的猴头菌、羊肚菌，还有医食兼用的松茸菌，一年可采集松茸菌300多吨。此外，中草药更是品种多，储量大，如补品之王冬虫夏草、高原人参红景天以及天麻、三七、党参，等等。林芝的经济林木主要是苹果、茶叶、油桐、核桃、花椒、柑橘等，其中苹果年产量为300万公斤，茶叶1.5万公斤。

农牧民是指在农牧区或林牧区以农业、林业和牧业为主要经济来源和生活方式的农民。

1.3.5 发展型社会政策

最早对社会政策的界定源于1873年，是运用立法、行政手段，调节财产所得和劳动所得之间的分配不均问题。随着工业革命的到来，福利国家、福利政策逐渐被提出，社会政策的内涵与外延都发生了很大变化。1968 年，联合国第一届国际社会福利部长会议提出“发展型社会福利”观点，反映了经济政策和社会政策两者的整合。发展型社会政策的核心是将社会政策作为一种社会投资行为，它在将社会公正作为终极目标的同时，增加了“发展”这一价值规范，主张对社会问题进行“上游干预”，强调中长期的策略规划，发展型社会政策重视的是立体、多维的思维，既重视社会机制的健康发展，又重视社会资本和社区的建设，是考虑可持续发展需求的动态视角。具体而言，在社会实践中，针对福利国家原有养老模式和服务体系，倡导准市场模式和福利多元主义，即实行“融入经济政策的社会政策”；针对经济全球化条件下新贫困和各种形式的边缘化，强调在社会政策的资源获取和分配中，要与就业和劳动力市场相结合，加大教育培训等方面的公共行动，促进社会融入，减少社会排斥，即实行“融入社会政策的经济政策①”。

1.4 研究视角与思路

学术界对养老问题的关注，本质上就是源于对老龄化趋势不断加剧的一种关怀。我国在 1999 年进入老龄社会后，人口老龄化和高龄化发展趋势不断加剧。仅从传统追求社会公正的视角已很难解决现代风

① 张伟兵：《发展型社会政策理论与实践——西方社会福利思想的重大转型及其对中国社会政策的启示》，《世界经济与政治论坛》，2007 年第 1 期：第 88 – 95 页

险社会中老龄化的各种压力以及新弱势群体的产生，在养老问题上，在社会机制落后，社会福利输送系统障碍的基础上，仅依赖物质支持是远远不够的，这不仅表现为国家财政无法承受，同时也难以完全满足老年人获得感和幸福感的实现，通常而言，老年人的幸福感并不单单是来源于经济支持的多寡。

藏族社会几乎是一个全民信教的社会，无论是藏传佛教的历史地位还是其现实功用，藏族社会的传统对日常生活都有着一定的影响，18个月的援藏经历使笔者最直观地了解到了西藏林芝老年人的生存状态，藏区民众的生活方式、生活特质等，笔者尝试融入藏区民众的日常生活，不仅以外来研究者的视角，更以林芝林牧区当地居民的思维方式和独特眼光，探讨与审视林牧区老年人养老模式的建设与发展。

文章以发展型社会政策作为研究视角，摈弃长久以来对社会政策问题进行“头疼医头、脚疼医脚”、穷于应付社会问题的应急状态。对林牧区老年人的养老问题进行经验分析与规范分析，在通过调查研究，了解林牧区老年人养老问题产生的原因，对相关食物、事件、关系及其相互作用进行观察、描述、评价后，以发展型社会政策作为分析理念，从中长期战略的角度思考林芝地区的养老问题，在预防和应急中做出一个兼顾二者的政策选择。

1.5 研究方法

研究方法是人观察、分析事物及其运动变化的视角与思维方式。同一事物，不同的观察视角，就会产生新的结论。一种理论体系、一种学术思想的形成很大程度上也归功于它与众不同的观察视角。本文在分析了实证主义、理解主义、批判主义方法论的基础上，结合社会学、人类学，通过系统的、历史的视角来研究西藏林芝地区养老模式问题。

1.5.1 研究类型与调查类型

本研究采取质性研究，横剖与纵观相结合的研究方式。在研究西藏林芝林牧区老年人养老模式的改进过程中，试图摆脱西方社会的经济至上的单一制，而是一方面从理论上横向探析其他地区的研究，纵向上历史辩证地研究西藏本身的历史、宗教等对农牧民养老模式的引领作用；另一方面，通过在特定场域中对其社会成员进行半结构式深度访谈，了解其生活的本来面貌，了解社会成员的动机，强调更多地从社会结构、宗教文化、历史传统等多视角，对林芝地区养老模式及其保障制度提出符合客观现实的改进措施。

1.5.2 研究对象及其选取

本研究资料选自林芝地区劳动和社会保障局委托西藏大学林芝校区（西藏农牧学院）开展的有关新型农村养老保险的一项社科课题，副局长和笔者参与整个过程，并于 2009 年 10 月下旬至 11 月上旬，以及 2010 年 5 月中下旬对林芝地区三个县林牧区进行深入调研。在调研过程中，为使样本充分体现总体特征，采取分层抽样方法进行抽样。首先从林芝地区抽取三个县 A、B、C，它们的经济发展水平分别属于林芝地区较好、中等和较差；接着从A县抽取三个乡（镇）A1、A2、A3，经济发展水平分别属于A县较好、中等和较差，B县抽取三个乡（镇）B1、B2、B3，经济发展水平分别属于B县较好、中等和较差，C县抽取三个乡（镇）C1、C2、C3，经济发展水平分别属于C县较好、中等和较差；再次从A县乡（镇）A1抽取三个村A11、A12、A13，经济发展水平分别属于A1乡（镇）较好、中等和较差，依此方法抽得其他24个村A21、A22、A23、A31、A32、A33、B11、B12、B13、B21、B22、B23、B31、B32、B33、C11、C12、C13、C21、C22、C23、C31、C32、C33；最后从各村分别抽取该村家庭经济条件属于较好、中等和较差农牧民家庭各一户，代号分别为a1、a2…a27，b1、b2…b27，c1、c2…c27，构成总体样本，样本单位为农牧民家庭。

1.5.3 资料收集方法

文献法。在本研究准备阶段，笔者通过书籍、学校图书馆、论文资源库等收集了相关理论与研究资讯，重点对养老模式以及西藏养老模式的发展历程、现阶段西藏及林芝地区养老模式的现状等研究成果，进行整理、分析，加深了对各地区养老模式以及西藏历史条件的理解和认识，为后面的研究做好学理性准备。

观察法。由于笔者在西藏（以林芝地区为主）生活、工作18个月，因此，对当地情况较为熟悉，可以通过在日常生活中同事间的交流以及在正式调查访谈期间对农牧民的观察，更深切地了解到当地农牧民养老模式及其保障的基础条件，为本文的写作提供第一手访谈资讯和扎实事实依据。

访谈法。笔者通过抽样调研法对研究对象选取完毕后，在2009年10月21日至10月24日在C县实地调研；10月25日至10月28日，在B县实地调研；10月29日至10月31日，在A县实地调研。2010年5月15至5月25日进行补充调研和深度访谈。本研究调研对样本单位进行的是入户半结构式访谈。访谈期间有一名访谈员和一名现场记录员。考虑到语言沟通问题，入户访谈时，有当地藏族民政干部或者基层干部陪同做现场翻译。半结构式访谈主要内容包括林牧区家庭特征、经济生活状况、养老模式状况及其他养老保障制度基础条件，具体包括：户主年龄、家庭人口数和年龄结构、家庭主要劳动力个数、2008年家庭纯现金收入和年底存余、家庭主要收入来源、房屋建设情况、家庭经济条件自评、闲暇时间安排、家中是否有50岁以上老年人、家中老年人主要照顾者、家庭其他成员对老年人的照顾情况、老年人娱乐活动、家中老年人照顾是否得到本村其他亲属或朋友的帮助、家中成员参加农村合作医疗保险情况、家中成员参加90年代末林芝地区农村养老保险试点情况、农村养老保险制度是否有必要（重要性）、假如国家重启养老保险制度是否有意愿加入、能够缴纳养老保险金数额估计，等等。

1.5.4 资料分析方法

系统分析方法。长期以来，由于中西部发展的不平衡，养老模式的发展也存在着一定的阶梯形发展，这种分割和不均衡性一直制约着我国农村养老模式及其保障制度的发展与革新。本文运用系统分析的理念，把看似孤立的一个个村庄放在中国整个社会的大系统中，虽然西藏有其独特的民族特点，林牧区农牧民的养老模式及其保障也一并放入中国整个社会中，通过借鉴其他地区尤其是农牧区的经验以及考察西藏地区本身的历史特点，梳理出林芝地区农牧民养老模式及其保障改进的内在规律。

历史分析方法。费正清多次提到，把中国的“过去和现在”放在贯通起来的历史情境中进行审视的重要性。格雷夫在对欧洲商业革命之前的ll至12世纪地中海经济史进行研究后认为，任何一个制度都是具有文化信仰基础的，制度的变迁过程就是知识增长的过程。任何一个制度变迁过程都必须立足于对起点的观察，同样，推进制度变迁也必须首先清晰地了解初始条件。针对西藏是我国少数民族分布最广泛的地区之一，有着浓郁的民族与地域特点，社会风险化解机制、经济形态以及社会结构也与我国中东部地区有一定差异的特点，本文通过对西藏历史上特别是民主改革后养老模式及其保障制度的梳理，分析了西藏林芝农牧民养老模式及其保障体系不同历史时期发展的脉络，从而在提升研究历史深度的同时，使本研究更具有现实意义。

比较分析方法。比较研究一般分为两种：一是一定时间跨度内相同事物的纵向比较，属于历史研究范畴；二是一定空间范围内相似事物的横向比较。本研究一方面注重西藏以外，我国其他地区农村尤其是农牧区的养老模式及其保障的实施情况，以及和国外经验的比较；另一方面重视西藏林芝农牧民（共七个县）不同发展水平的三个县（高、中、低水平）相互比较，能够更清晰地展示林芝地区农牧民养老模式及其保障制度的现状，进而融合发展社会学理论，提出更具针对性和实效性的制度设计与改进对策。

1.6 论文结构与主要内容

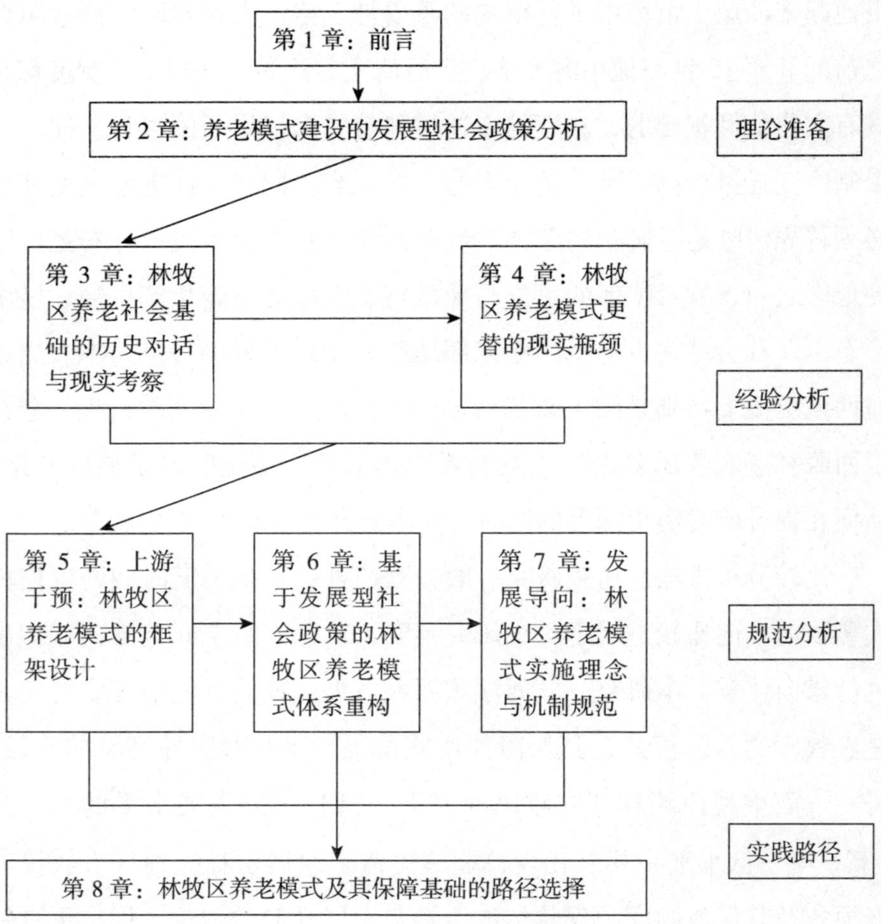

本文全篇主要分为四部分，八章节。

第一部分是文章的先导，主要体现在第一章与第二章，为本文研究的全面展开做系统性的陈述。在第一章中，笔者从研究背景与研究缘起、研究意义开始对本研究的展开提供前提；文章着重对养老的一系列理论和文献做了基础性回顾；在上述基础理论的基础上，结合前期的准备，对西藏林芝农牧民养老模式改进研究的思路、方法等进行了详尽论述。第二章是文章的理论视角，也是本文的切入点与创新点，发展型社会政策作为20世纪90年代以来逐渐为人们认同的新理念，将“发展”这一核心理念注入社会政策的价值体系中，本文从理念体系、制度设计到实施实践，以发展的视角对西藏林芝地区的养老模式、社会伦理规范等进行阐释，从而对日趋严峻的养老问题做出一定回应。

第二部分是文章的重点，主要体现在文章的第三、四章。文章首先运用历史分析方法与系统分析方法，从西藏养老模式及其保障基础，西藏养老及其保障制度的建立与发展，现行西藏农牧区养老模式及其社会保障制度以及对林牧区养老模式等的改进方面，做了本土化的理论探索与实践尝试。其次，运用入户半结构式访谈等实证研究方法，对林芝地区察隅县、波密县及林芝县农牧民家庭特征、经济生活状况、养老模式、养老状况及养老保障的基础条件进行深入调查、细致梳理和严谨探究。在现实考察的基础上，明确林芝地区养老模式现存的瓶颈和可能的发展路径。

第三部分是文章的核心。主要表现在文章的第五、六、七章。文章基于上述第二部本的实践探索，从必要性、可行性、原则、目标以及导向设计等方面对林芝地区农牧民养老保障制度的改进问题进行了深层次的系统分析，进而提出了国家财政支持下的社会养老、制度养老为主体，藏民族“康苏”家族文化背景下的家庭养老为基础，藏民族“吉度”互助文化背景下的社区养老为补充“三位一体”改进模式和体系，并通过发展型社会政策的上游干预理念，明确养老模式的运行理念与机制规范。

第四部分是文章的策略分析和路径探索，以第八章为主，就林牧区养老保障战略实施路径做出阐述。

第2章　社会投资：发展型社会政策的研究视角

在面对未富先老，老龄化加速的社会进程中，西藏地区面临经济不发达、就业不充分、劳动人口素质不高、社会保障不完善等各方面物质、组织、制度、文化的挑战。为保证西藏养老制度良性运行、协调发展，不仅需要充分考虑传统社会政策中"社会公正"的普遍价值，更需要从全球化、风险社会等的压力因素出发，增强社会理性，转变政策模式，将发展型社会政策中的"发展"核心理念融入养老模式的建设过程中。本章拟以"社会投资"为主线来探讨发展型社会政策的研究视角问题。从理念转变上，发展型社会政策是对传统社会政策"侍女模型"的突破与创新，致力于将发展动力注入社会，发展的本质不仅是经济增长和发展，更应包含社会发展与成长；从实践路径层面看，西方社会福利国家到福利社会是发展视野下国家消极福利观到积极福利观的一种变革，与社会政策中将经济政策与社会政策从割裂到融合的发展变化相适应；家庭支持作为发展型社会政策的一个重要方面，对构建养老模式中的老年人福利自觉与自信有着相当重要的意义，帮助儿童和支持家庭是发展型社会政策人力资本投资理念的核心，家庭中的不同阶段人员都得到社会政策的支持，以确保老年人在养老中能产生足够的福利自觉与自信；最后，发展型社会政策作为一种社会投资，改变了传统社会政策的单纯支出性质，将个人、家庭、群体和国家有机结合。简而言之，发展型社会政策强调运用的社会投资理念和“发展”的价值基石，都使得社会政策研究的思维模式发生了深远的变化，对养老及养老模式的建立具有重要而积极的引领意义。

2.1 不落窠臼：打破社会政策“侍女模型”的新视角

长期以来，社会政策是社会发展到一定阶段的产物，它关系到每个社会组织和社会个体的切身利益，一直备受社会各界的关注。

卡尔·马克思运用辩证唯物主义和历史唯物主义的科学方法，阐释了生产力与生产关系、经济基础和上层建筑的相互作用、相互制约支配着整个社会发展进程的科学规律，明确了人类社会发展最终走向共产主义的必然趋势。马克思和恩格斯坚信，未来社会“将是这样一个联合体，在那里，每个人的自由发展是一切人的自由发展的条件”。马克思主义为人的自由发展和人类社会发展指明了科学方向。

亚当·斯密在《道德情操论》中阐述了同情心、正义感和伦理道德的重要性，同时他在《国民财富的性质和原因的研究》中也指出，利己主义的人类本性是一切行为的动机，追求个人利益的活动与社会利益没有本质冲突；市场经济有着完美的自动调控能力，一切生产要素都能通过市场的机制实现自我调节，进而达到市场均衡。在这样的思想指导下，经济政策在社会发展中占据绝对主导地位，资本主义大生产带来了经济危机、工人贫困以及公平缺失。

1929年，美国爆发的经济危机几乎颠覆了整个资本主义，如何自救，凯恩斯主义应运而生。20世纪60年代，蒂特马斯对社会福利进行了类型学分析，提出社会福利三大模型，即剩余福利模型、工作成就模型和制度性再分配模型。剩余福利模型主张私有市场和家庭属于两个“自然”福利供给渠道，当市场或家庭崩溃时，社会福利才应该介入。工作成就模型认为要有生活保障，必须先有工作成就；社会福利是经济的辅助品。制度性再分配模型强调社会平等，在市场以外，按需求为所有国民提供普及性服务①。

传统社会，个人福利完全由自己或家庭负责，“看不见的手”的市场机制一度占据政策主流，似乎随着经济的不断增长，社会所有矛盾都会迎刃而解。但人们很快发现，市场并不能真正解决福利困境这一问题，扭曲的经济发展在全球蔓延②，与此同时，贫困、饥饿、剥削、死亡和暴力等现象普遍存在。20世纪80年代至90年代，全球化竞争的压力和全球风险社会的挑战，让人们开始反思经济社会发展应有的取向，社会政策需要重构自身的存在基础。经济社会发展是为了人，“以人为本”理念的提出要求更多提高人们的社会福利和生活质量。

---

① 汪华：《蒂特马斯福利思想探微》，《华东理工大学学报（社会科学版）》，2010年第6期：第29－35页

② 所谓“扭曲的发展”，国际上是指经济的发展并没有导致同步的社会进步，普遍的社会福利目标没有实现。选自徐道稳：《社会发展与发展型社会政策》，《深圳大学学报（人文社会科学版）》，2006年第23卷第3期：第38－44页

蒂特马斯反对把社会政策看作经济发展的附属品，反对社会政策应当为经济利益服务、应当从属于经济发展需要的观点，反对把社会政策视为经济附属物的“侍女模型”，对“持续的经济增长本身就能根除贫困并带来全面繁荣”的假设提出批评[①]。20世纪90年代以来，“发展型社会政策”作为一种新的社会政策范式受到国际社会政策研究理论界的重视，其最初的理论概念由美国社会政策学者米奇里(James Midgley)在研究发展中国家的福利政策时提出，是对社会政策发展过程中的“工业国家社会政策偏好”的一种反省[②]，在社会政策中引入发展的元素，整合社会政策与经济政策，从而改变经济政策主导、社会政策辅助的传统模式，摆脱传统社会政策只重视再分配，而忽视社会福利和经济发展间隔阂的“恶俗”，使社会政策成为一种社会投资。

发展型社会政策对社会政策发展的理论贡献体现在三个方面。一是在价值理念方面，实现了工具性价值与目标性价值的统一，即工具理性更好地服务于价值理性；二是在实践策略方面，实现了整体进步和差别对待的统一，也符合马克思主义两点论和重点论的思想；三是在社会目标方面，实现了经济增长和社会发展的统一。正是这三大统一，才促使发展型社会政策完成了对传统社会政策的超越。

社会政策的基本价值包括两个部分，一是工具性或实用性价值，另一个是目标性或终极性价值。需要、权利、责任和义务等都属于工具性价值，而自由、平等、正义等则属于终极性价值，前者代表了人

---

① 徐道稳：《社会发展与发展型社会政策》，《深圳大学学报（人文社会科学版）》，2006年第23卷第3期：第38－44页

② 陈立周：《近年国内社会政策范式研究之现状及展望》，《湖南人文科技学院学报》，2011年第3期：第1－5页

们对一些社会现实问题的理解与分析，而后者代表了人们对人的价值和社会理想的追求。在社会政策研究中，价值探讨属于福利哲学层面的工作，福利哲学通过对这些基本价值的分析与解释，阐述他对人的需要及社会福利的可能性的看法，为社会政策及人们的福利实践提供指导性意见和理论支撑。

传统社会政策在讨论这两大价值时不是割裂二者，就是混淆了二者的内涵。发展型社会政策通过重构社会发展观，将工具性和目标性价值有机统一。阿马蒂亚·森（Amanya sen）指出发展是提升人们享有实质自由的过程，他将人的自由视为发展的条件，通过剖析二者的辩证关系，将社会政策从传统的发展观中摆脱出来，构建了"以自由看待发展"的新发展观。"远远超越财富的积累和国民生产总值以及其他与收入有关的变量的增长"的发展观，就是将经济增长与社会发展协同起来，共同推动社会进步。阿马蒂亚·森通过辩证剖析自由与发展、工具性自由和实质性自由、功能性活动和可行能力之间的关系，从福利哲学的高度将工具性价值与目标性价值进行统一，在价值理念上完成了对传统社会政策的超越。

有三种传统社会干预手段促进人们实现社会福利，即政府干预、社会工作及社会慈善活动。第四种实现社会福利的干预手段，就是社会发展。社会发展并不是通过提供物品或服务，也不是以治疗或改造方式与个人打交道，而是通过关注社区或社会，聚焦更广泛的社会过程和结构，将社会政策与经济政策融合，进而实现人们的福利。社会发展更注重提供预防性而非补救性的社会干预。这一特征使社会发展作为一种上游社会干预，明显区别于传统干预方法。

通常社会发展在三个层面实施社会干预，一是政府实施的社会发展，主要以集体主义与国家主义为意识形态基础，通过国家干预对有需要的人提供保护，形成制度型福利政策。二是社区实施的社会发展，采用社群主义或平民主义为价值理念，主张社区自主或社区自治，也强调社区行动与社区参与发展模式。三是个人实施的社会发展，以个人主义或市场自由主义为理论指导，强调个人自由是实现福利的最大保障，充分发展的市场机制能实现人们最大的福利。这三个层次的干预为实现人们的福利提供了保障，但有时也会造成重复干预或干预无效。为实施更有效的干预，发展型社会政策综合这三个层面形成整体性实践策略，实现包容多种因素、顾及全民利益的整体性社会进步，也就是社会发展的“制度性视角”。发展型社会政策还提出了“积极性差别对待”及“优先区域”的原则，主张要特别关注贫困社区，如偏远贫困的乡村社区等，在干预策略上进行倾斜，帮助这些社区实现发展。总之，发展型社会政策是强调整体性及全面性的实践策略，注重特殊性和针对性的社会干预，通过实现整体性进步和积极差别性对待的统一，完成对传统社会政策的超越。

发展型社会政策的社会目标也是实现社会福利，但社会福利的内涵已有很大扩展，不再是物质方面的简单“拥有”，而是涵盖缓解社会问题、满足各类需求、保障发展机会和得到社会保障等更多方面的全面社会进步，更是一种良好的社会状态，而非纯粹的收入或消费力的提升。

如果经济的发展不能同时改善整体人口的社会福利，那就意义不大。发展型社会政策主张在经济政策中加入“社会”的维度，在社会政策中加入“发展”的维度。而要在社会政策中加入“发展”维度，就必须进行积极的上游干预，进行社会投资。彼得·泰勒·古比（Peter Taylor－Gooby）认为社会政策应该重视人力资本投资，提高人的能力和机会；吉登斯（Anthony Giddens）主张建构积极福利社会，建设“社会投资国家”；米奇利（James Midgley）强调超越传统的剩余型模式或制度型模式的极端选择，建立“发展型福利模式”等；艾伦·沃克提出了社会质量建设论等，都属于进行积极干预和加强社会投资的具体论述。这里所说的社会投资主要包括人力资本投资、社会资本投资、消除制度屏障和资产建设等形式。在发展型社会政策视野下，社会投资不是被动发展的过程，而是在政府主导下发动各方力量进行的积极干预过程。

2.2　社会投资国家：发展视野下福利观的变迁

第一次世界大战后，为安抚民众、维持社会秩序并为恢复经济创造条件，英国率先开始社会保障制度的恢复与建设①。1942 年，贝弗里奇受政府委托，制定了社会福利国家规划。在《贝弗里奇报告》中，他强调国家要通过社会财富的再分配与强制保险，帮助任何人摆脱贫穷、疾病、困苦、失业和愚昧五大恶魔，使人们在任何时候都获得体面的社会地位。工党艾德礼政府在 1946—1948 年提出并实行了一系列立法，构筑了现代英国福利制度的新法典，1948 年宣布英国已建成福利国家，英国人得到“从摇篮到坟墓”的基本保障。随后，西欧国家也逐步建立起了一种全国范围内实现普遍保障的国家体制，福利

① 臧秀玲：《从消极福利到积极福利：西方国家对福利制度改革的新探索》，《社会科学》，2004 年第 8 期：第 28－35 页

国家成为20世纪40年代之后的一项新制度建构，整个国家机构及这个概念所指的实践活动在西方资本主义国家中发生了极大的变化。资本主义大生产模式的各类矛盾和种种危机也得到了缓和，福利国家体制在20世纪70年代达到了顶峰。

1973年，在石油危机的打击下，高失业率、高通货膨胀以及财政危机成了新的矛盾和政治分裂的根源。欧洲各国相继发生“滞胀”，繁荣中隐含的社会福利政策的缺陷开始暴露无遗，福利国家受到越来越多的质疑和批判。奥菲在《福利国家的矛盾》一书中指出，凯恩斯主义缓解了发达资本主义社会所存在的某些经济、社会和政治问题，但并未解决所有问题。“福利国家在创造神话的同时，也创造了它自己的潜在挑战”[①]。“自由主义”右派攻击福利国家政策，认为它是强加到资本之上的管理和税收负担，客观上抑制了资本投资的动力；它赋予工人、工会的权利和集体权利，客观上抑制了工人工作的动力。与此同时，“干预主义”的左派也批判了福利国家的“无效力的、无效率的、压制性的、使工人阶级对社会政治现实的理解（意识形态）处于虚假状态[②]。左派还认为福利国家为工人阶级创造了两个不同的领域：生产领域和公民身份领域。在生产领域，人们进行生产和初级分配；在公民身份领域，人们进行再生产和次级分配。左派批判福利国家试图向人们展示，生产领域的不公和不幸都可以在公民身份领域得到补偿。而事实上，福利国家试图为人们承担的不幸恰恰是工作和生产领域直接或间接产生的，两者是不可分割的。

---

① 张广利，张婷婷：《从福利国家到社会投资国家：吉登斯关于福利体制的再造》，《改革与战略》，2012年第28卷第4期，第201－204页

② 克劳斯·奥菲：《福利国家的矛盾》，《吉林人民出版社》2006年版，第3页、第8页

20 世纪 90 年代，吉登斯提出的建设“社会投资国家”理论推动了发展型社会政策的产生。“社会投资国家”的思想，是一种从消极福利观到积极福利观的转变，从根本上突破了消极福利体制的架构。传统福利国家采取自上而下的分配制度，但吉登斯在倡导积极福利国家的改革过程中，在保持福利国家制度积极作用的同时，对消极部分进行弥补和革新。如年老并不只是社会的负担，也是社会可利用的资源；失业救济也不是无偿给予，有时也是一种提升人力资本的手段。

与传统福利国家的制度相比，积极福利国家制度更重视人力资本投资，主张国家应该负责将被动的恩惠式福利转换为主动的进取式福利，应该将事后补救性福利转变为事前预防性福利。福利应该既是权利也是义务，在不断增加福利的同时，个人的责任和义务也必须不断延伸。

防范风险，有效管理风险不仅意味着保护人们免受风险侵袭，更意味着要把风险看作促进人们向上的动力和资源，如果福利只是消极地面向穷人，那么就会导致社会分化，弱势群体就会更趋边缘化。积极的福利能给人带来抗拒风险的信心和安全感，给社会整体提供更多关爱，让它成为一个更包容的共同体。

2.3 家庭支持：养老模式中老年人的福利自觉与自信

20 世纪 70 年代，家庭政策研究开始兴盛起来。20 世纪 90 年代，为了应对经济全球化的挑战，西方福利国家在强调家庭责任的同时更加重视对家庭的支持，从而在家庭政策中注入了发展的成分。稳定的、功能完整的家庭是家庭成员、社区、市场乃至整个社会的资源，以家庭作为基本单位，对其进行投资和支持，具有深远的现实意义。

无论是过去还是现在，作为人类社会最基本的社会单位，家庭都是社会成员最重要的福利资源，任何在家庭以外建立起来的正规的社会保护制度都不能取代家庭的功能和责任，而政府只是在不同程度上、用不同的方式对家庭责任的分担①。家庭的这种定位，造就了家庭成员之间相互依赖、相互照顾的内生机制，即人的一生离不开家庭的支持和保障②。

发展型社会政策的核心理论是将社会政策看成是一种社会投资行为，社会政策对劳动力素质的提高有着直接的作用，投资儿童、支持家庭也就是发展型社会政策人力资本投资理念的核心所在。发展型社会政策强调的要使不同阶段的社会政策功能和目标与人的生命阶段相对应，使各种社会成员都能得到社会支持的策略才是解决问题的根本措施。

人的生命阶段可以分为儿童期、成年期和老年期，家庭功能的社会福利和社会服务对人们的社会生活有着重要的影响。随着妇女就业率的提高，很多父母面临如何兼顾工作和照顾家庭成员的问题，家庭问题经常会影响人们在工作中的表现，而工作或经济压力反过来也影响家庭生活，发展型社会政策更强调从预防的角度而不是在家庭功能受到影响后给予的补偿性帮助，从时间策略看，发展型社会政策更多

---

① 张秀兰、徐月宾：《建构中国的发展型家庭政策》，《中国社会科学》，2003 年第 6 期：第 84 –96 页

② 郑功成：《社会保障学——理念、制度、实践与思辨》，《商务印书馆》2008 年版：第 30 页

从根本上为人们提供支持，关注的是中长期的发展，而非短期的救助[①]。

在传统的农业社会中，家庭既是基本的生育单位，又是基本的生产单位，老年人为家庭努力劳动，把生产、生活经验，财产等传授给年轻人，晚年后，子女责无旁贷地承担起赡养老年人的义务。美国社会学家莫尼汉指出，“一个民族的文明质量可以从这个民族照顾其老年人的态度和方法中得到反映，而一个民族的未来则可以从这个民族照顾其儿童的态度和方法中预测”。为家庭幸福和社会发展做出了巨大贡献的老年人，是家庭和社会的宝贵财富，老年人的养老及其保障，是家庭和社会共同的责任。

贫困是任何一个国家或地区面临的重大风险和不稳定因素。在现代社会的宏观环境下，消除贫困更是代价高昂。大量事实证明，经济发展并不足以解决贫困和收入差距等问题，基于税收和转移支付的“下游干预”，政策空间和实际效果并不理想。

藏民族民风纯朴，礼让谦恭、尊老爱幼、诚信无欺，自古而然；再加上藏民族深受藏传佛教中尊敬长者教义的教化，即使是极度贫困的农奴家庭，家庭中尊老爱老的伦理基础也不会轻易动摇。但是，我们也要看到，经济社会发展滞后背景下的家庭，它的经济支持必然是薄弱的，离开了最基本的经济基础，贫困家庭支持下的老年人养老，只能是画饼充饥，离开了家庭支持谈养老，无疑是镜花水月。

实证调查发现，只有十分之一左右的林牧区家庭已经达到小康水平，个别的家庭甚至达到了全面小康的水平，至少二分之一的家庭仍

---

① 魏亚萍、魏亚丽：《发展型社会政策对我国社会政策建设的启示》，《新疆社会科学》，2009年第3期：第94－97页

处于向小康阶段努力的过程中，有三分之一的家庭处于贫困或刚刚脱贫的阶段。访谈发现，在这些随时面临贫困困扰的家庭中，老年人往往继续拥有着一家之长的地位和身份，掌握着家庭的权力，体现了家庭的权威。这些老年人作为一家之长，常常在“是否要建新房”“牦牛卖不卖”“电视机买不买”“地里种什么”“哪天去收割”等方面发表决定性意见。

可以理解，作为家长，老年人们为了维持家庭的生存和发展，往往必须付出大量的辛劳，即使身体已经无法从事需要消耗大量体能的强劳动，即使年龄已经远远超过传统意义上的退休年龄，到了应该颐养天年、含饴弄孙的时候，他们依然尽可能地做好家务，与此同时，帮下一代做更多的事情。老年人们满脸的皱纹和疲惫的身影似乎诉说着对美好生活的渴求和对养老的强烈期待，但访谈却发现，绝大部分老年人连“退休”或“颐享天年”的概念都不理解，更没有类似的想法。在经济社会条件尚未大幅改观之前，如何唤醒林牧区老年人的养老和福利自觉，是一项长期而艰巨的任务。而要帮助他们实现从对养老模式和养老福利的自觉，到养老模式和福利及其制度的自信，更是难上加难，远非农村养老保险实现全覆盖这般的政绩所能改变。

2.4 福利主体多元：发展视野下能促型政府的形成

“二战”结束后，根据《贝弗里奇报告》的相关精神，英国政府以充分就业和社会福利为纲领，建成了“福利国家”，国家的责任被推向了新的高度，家庭责任被弱化，国家跨过家庭直接对被赡养人负责。20 世纪 70 年代后，发达资本主义国家进入“滞涨”时期，西方国家的养老模式及其保障制度进入了改革与调整的新时期[①]。以投资人力资本为核心的发展型社会政策试图将个人、家庭、群体和国家等不同层面的利益和目标有机整合，与发展型社会政策将人作为投资对象的理念密切相关的是福利多元化的社会政策供给模式。

20 世纪 70 年代中期开始的私有化改革运动的主要目标是降低成本以及进一步提高服务质量。同时，新公共管理（NPM）运动在西方国家逐渐演变成一个普遍性的政府改革运动，“政府是掌舵者，而不是划桨者”的理念被应用到社会福利领域。在操作上，私有化改革将很多社会福利产品及服务的生产、配送环节由政府部门转向了私人部门。私有化改革并未改变公共福利的性质，而只是通过购买服务或福利券等形式尝试着将公共部门的公益目标与私人组织的高效率整合起来。私有化改革的实践让人们认识到，人们的需要是通过包括政府、市场、家庭、社区和公民社会组织等在内的多种渠道得到满足的，并非单纯依靠政府或市场或任何单一系统就能实现。

20 世纪 80 年代以来，西方发达国家的社会福利制度逐渐出现了模式多元化的倾向。一方面这是福利国家私有化改革的结果，另一方面源于美国“财政福利”模式的影响，并由此而引出了福利国家“美国化”的讨论。在福利多元化的框架下，政府的社会福利角色并没有弱化，只是提供福利的方式发生了变化。政府还是社会福利的投资主体，但筹资责任则通过多种途径实现。在美国，除了传统的直接财政

① 赵家鑫：《发展型家庭政策兴起的背景分析》，《山东工商学院学报》，2012 年第 26 卷第 3 期：第 91 – 94 页

拨款外，“税收支出”（Tax Expenditure）方式，即通过税收激励政策鼓励企业或其他民间资金进入社会福利服务的方式，被很多西方国家效仿。美国一直是福利国家中直接公共福利支出水平最低的国家之一，一些最主要的社会保障项目，如养老和医疗保险等，主要由企业和个人营办，政府则通过形式多样的税收优惠政策，鼓励人们通过多种渠道参与到社会保障和服务计划中来。也就是说，人们将自己的收入或资源用于住房、养老、医疗服务和儿童照顾等方面的支出，都可以通过税收优惠政策来获得政府的支持。

这一美国“财政福利”模式，影响了西方发达国家社会福利制度的多元化趋势。人们的需要不再单纯依赖政府或市场实现，而是通过政府、家庭、市场和社区等多种渠道得以满足，市场组织和公民社会组织与政府形成了“伙伴关系”，进而成为政府为社会成员提供福利的工具。根据美国加州大学内尔·吉尔伯特（2005）① 的观点，福利国家已然从传统的福利国家模式转向了“能促型政府”的模式。

内尔·吉尔伯特 20 世纪 80 年代后期提出“能促型政府”理念，代表着一种新兴的社会理念，是对 20 世纪 70 年代以来福利国家转型的理论化概括，他试图避免福利国家政治体制的失败和官僚体系的低效率，避免新自由主义最小政府的市场失败，在三个方面进行了观念变革。

一是从政府提供向民间提供的转型。在传统福利国家模式中，由

① Neil Gilbert. “The Enabling State?” from public to private responsibility for social protection：Pathways and pitfalls”，OECD social，employment and migration working papers No. 26；（2002）The Transformation of the Welfare State：The Silent Surrender of Public Responsibility，New York：Oxford University Press；Neil Gilbert & Terrel. P. （2002）Dimensions of Social Welfare Policy（5th edition），Massachusetts：Allen & Bacon.

于对公共产品理论的僵化理解，即认为市场在提供公共产品方面会产生失灵，因此福利提供者大多是公立组织。能促型政府与传统的福利国家相比，拥抱“民间提供服务而国家出钱‘买单’”的理念，政府采取某种市场化的路径来从事公共事务。事实上，20 世纪 70 年代后，发达国家就已经出现社会服务和福利民营化的新趋势，即“公共产品的民间提供”（Private Provider of Public Goods）的理念，从基础上打破由于市场失灵等原因，公共产品只能由国家来提供的传统观念。

二是从政府直接拨款向政府间接支出的转型。在实践中，政府职能不再直接为公众提供社会福利的服务，而是通过各种直接或间接的方式，以财政等方式支持提供服务的民间组织。常见的支持方式有：通过竞标把公共服务的合同外包给民间组织；直接向救济领取者发放现金或代金券，让他们自选服务提供方；为购买社会福利的个人和家庭提供税务优惠等。国家退出社会福利提供的领域，同时致力于促进民间非营利服务提供方的能力建设，目的就是增加社会福利服务的竞争性、多样性，减少原来公共机构提供所产生的垄断性和官僚化的弊端，从而更好地服务于福利受益人。

三是赋予公民参与公共决策和选择公共服务的权利。能促型政府理论主张政府应通过各种政策支持，建立能够发挥社会各系统的共同作用来满足人们各种需要的制度框架；这些系统包括市场、家庭、社区和公民社会组织等。能促型国家强调“公共支持私人责任”理念（Public Support and Private Responsibility），即国家通过各种方式来支持个人、家庭、社区和非营利组织等来承担更多的社会责任。国家不再以普遍主义和非条件性的方式发放社会福利，而是采取各种目标定位的方法，把福利传递给最需要的人；同时，福利的给付还附带了影响劳动力市场参与以及改善就业机会的奖惩条件。

能促型政府与传统的福利国家相比，更加重视家庭、社区和非营利组织的积极作用。即使在社会政策较为发达的情况下，公立机构和国家也不过是更擅长为所有公民提供基本的社会保障。而民间社会力量，尤其是家庭、社区组织和非营利组织，更擅长为社会成员提供积极的、个性化的公共服务，也更有能力提供“需求引导”的服务。

能促型政府更加重视国家的能促型作用。社会政策的实践不断要求国家超越传统，从收入的再分配者，发展成为增加民间社会服务的提供者。具体的路径包括支持民间社会服务组织，尤其是非营利组织网络的建设；通过提供税收优惠或启动基金来鼓励基金会的建立和成长；通过服务外包以及政府购买等多种方式推动家庭、社区组织、专业性组织以及其他慈善组织提供更多的社会公共服务。

能促型政府更加强调公共部门与民间的伙伴关系。政府与民间组织建立起伙伴关系，推动后者的能力建设；而民间组织在接受政府支持的同时，保持好自主性和高效率。这种伙伴关系的建立，实现了国家、政府、社会和个人对社会发展的共商共建共享。

第3章　林牧区养老社会基础的历史对话与市场化考察

发展型社会政策强调长期的战略安排，以动态的、发展的思维看待社会及其发展问题。和平解放和民主改革之前，西藏社会处于封建农奴制统治下，“吉度”作为农奴制时期民间的互助活动，成为西藏民众社区互助养老的萌芽之一。民主改革后，西藏彻底废除了农奴、奴隶与农奴主的人身依附关系，废除了封建制度与特权，废除了支差和债务，西藏民众在家庭中获得生活资料、生产资料、经济支持、生活保障、社会地位和政治地位的重大飞跃，林牧区的家庭保障功能在养老中发挥了不可替代的作用。市场化之后，在党中央的支持下，全面援藏政策的实施推动了西藏政治、经济、文化和社会建设的快速发展，客观上促进了家庭养老模式的发展。

3.1　“吉度”：农奴制时期养老模式的滥觞

在社会保障制度建立之前，慈善和互助一直是影响社会发展的重要因素之一。民间互助始终是传统社会化解风险的最基本形式之一。无论是西方的宗教组织，还是古代中国的历代统治者，面对自然灾害，都开展过各式各样的救灾济贫活动。在灾难面前，人们自发的相互扶持——民间互助无处不在。

藏族是一个十分讲究礼仪的民族。民风纯朴，礼让谦恭、尊老爱幼、诚信无欺是自古传下来的纯良礼俗。我们可以从藏族饮食礼仪中管窥藏族文化中尊老爱幼等伦理精神的深刻烙印。藏族家中酿了好酒，必先以头道酒“羌批”（酒新 chang—phud）敬献神灵，然后依循“长幼有序”的古训首先向家中的长者敬酒，让老年人先品尝，其后家人才能畅饮。在节日婚庆或众多人聚会场合，饮酒一般是先向德高望重的长者敬献，然后按顺时针方向依次敬酒。敬酒者一般应用双手捧酒杯举过头顶，敬献给受酒者，特别对长者更是如此。每年丰收季节，收割了新粮食，尝新也是老年人们的“专利”。在日常家庭就餐礼仪中，家庭主妇掌勺分发食物时，首先是为长者盛装，然后全家围聚火塘旁进餐，其乐融融[①]。

封建农奴制度时期，以“吉度”为代表的西藏民间互助，在尊老敬老的深厚藏文化背景下，无疑是农奴制时期西藏地区养老模式及其保障的原始雏形。随着时间的推移，“吉度”从对家庭和老年人的支持和保障中发展起来，以类似“老吾老以及人之老”的方式，逐渐演化成传统部族间的互助，进而成为整个社会对家庭和老年人支持和保障的重要组成部分。

---

① 西藏在线微信平台，《藏族饮食礼仪与禁忌》，http：//www. tibetol. cn/wx/201211/03/? version = 240300d4&lang = en _ US&devicetype = android - 10&from = timeline&isappinstalled = 0&cv = 0x240300d&dt = 2

3.1.1　农牧区的农牧民互助

在广大的西藏农牧区，家庭是主要的生产单位，人们一代代沿袭着传统农牧业和手工业的技术。西藏农牧业以手工体力劳动为主，劳动生产率的提高主要依赖于手工劳动力的投入。由血缘关系构成生产单位形式、以主干家庭为代表的大家庭乃至部族模式是西藏传统家庭保障的主体。西藏农牧民老年人离不开家庭子女的赡养；青年人的农牧业生产知识和技能的掌握和提升，离不开老年人的经验传授和实践指导。西藏农牧区孩子的抚养费很低，普遍自给自足（即使到了今天还是如此，国家扶持政策为西藏孩子提供了九年义务教育全免费就学，以及生活补贴和营养餐等）。

对早期农奴家庭而言，两个家庭单位的税收负担（支差）比一个家庭的税负重得多，农奴家庭分家意味着税负的加重，因此，在封建农奴时期，人们普遍采取的都是联合家庭。联合家庭既有利于家庭内部从事农业、牧业、副业等的劳动分工协作，又有利于抵御自然灾害的打击。鉴于以上社会基础，传统西藏家庭一般形成三代同堂、祖孙结合、隔代抚育的大家庭结构。老年人赡养、后代抚育、家族发展都离不开血缘关系和家族内的“吉度”——互助。农牧民社会互助包含族内关系、族外联姻的“亲戚”关系等亲属或部族纽带关系。一旦某一家庭需要养老、急救，或有婚丧、乔迁等事件时，求助对象通常是“亲戚朋友”层面，体现了非正式关系群团内部的血缘关联。

农牧区相对农区，在生产和生活方式上的流动性更强，居住距离也较远，交流不便，更依赖于小家庭内的相互照料，所以农牧区家庭之间在养老、急救、婚丧、乔迁等方面的互助成分比纯粹的农区相对淡化。农牧区社会互助、养老模式和福利提供与地区部落的传统密切相关。农牧区家庭在安全方面主要依靠部族提供保护，农牧民对部落有很大的依赖性，一旦脱离部落失去保护，就有可能被盗抢、伤害甚至杀死。因此，只要成员对部落尽到义务，部落就会保护他们。部落成员必须视部落利益为最高利益，不能有丝毫的损害；部落成员必须遵守部落制度，绝对服从部落的决定，包括对自己的处罚。部落则会在部落成员面临严重危险或受到损害时，尽最大可能保护他们。

3.1.2 进入城镇谋生的农牧民的互助

在城镇经济中，由于有大量迁入城镇谋生的农牧民，他们迁入的时间或长或短，都需要有一个融入城镇的过程。他们为了更快地成为市民，同时为了在遇到风险后，各行业间的成员更好地相互提供一定帮助，人们会加入一个叫作“吉度”的互助组织。“吉度”泛指西藏民间互助组织，包括官方正式的互助组织、非正式的民间互助组织，以及半官方半民间的互助组织。

从正式互助组织而言，西藏社会有5个行业具有正式的互助组织，存在于拉萨、江孜与亚东等城镇，分别是泥木石行业会、金银铜铁（五金）行业会、鞋业行业会、裁缝行业会和绘画雕刻行业会①。泥木石行会即建筑行会，称之为“多辛基巴”或“多辛吉度”，泥木石行

① 旦增遵珠：《民主改革前西藏流动人口救助问题刍议——以拉萨、昌都两地流动人口互助互济活动为基点》，《西南民族大学学报（人文社科版）》，2009年第2期：第180－185页

业人员是西藏各地优秀工匠，而泥水匠则由于工种相对简单，从业者都是附近人员。金银铜铁行业会即五金行业会，是近代西藏最早产生的正式行会。其产生时期大约在五世达赖喇嘛时期，西藏地方政府将以惹玛岗铜匠公夏大师傅为首的一部分手工业者组织起来建立了名为“雪堆白”的组织。雪堆白是西藏地方政府的官办工厂，制作布达拉宫和西藏地方政府各大机关所需要的五金工艺品，其中包括对手工业者的管制，后来，“雪堆白”直接成了五金行业会的代称。在鞋业行业会中，传统拉萨的藏鞋分为“甲青”“热松”“扎鞋”“松巴”“噶洛”等，鞋业行会内，甲青、皮靴与珠朗鞋制作人员为一组，喇嘛鞋制作人员为一组，松巴鞋制作人员一组。最初的很多鞋业人员来自西藏各地，后来，在拉萨形成了一批专门世袭制作藏鞋的手工业人员；裁缝行业会是近代拉萨最大的互助组织之一，称为“索康”或“岑波吉度”。1956 年调查报告显示，拉萨市裁缝有 430 多人，其中 130 人为达赖喇嘛和西藏藏政府支差，其余人员在社会上谋生，加入民间互助组织。绘画雕塑行业会包括绘画——分为“拉日巴”与“新日巴”、雕塑——“晋索”。西藏民主改革前，“晋索”统管整个绘画雕塑行会。

非正式的西藏民间互助组织统称“吉度”。在经济领域，拉萨绝大多数商户是民间小型商业资本，主要经营杂货与土产，处于西藏商业下游。殖民时期，殖民者与三大领主开展各种贸易，渐渐促使西藏地区较原始的传统商贸发展成殖民地商业。小本经营的商人在中外大商人的挤压下，利润空间有限，不少外来人员或家人为在城镇扎根，组织了多种“吉度”，如“兄弟吉度”“姊妹吉度”“十号吉度”“供水吉度”等。

就半官方半民间组织而言，“热加巴”（早期送葬业者）是受刑的人或流窜的乞丐形成的组织，是社会中最底层的团体。噶丹颇章政权建立后，所有的“热加巴”归朗孜夏管理，后来西藏地方政府规定，每年年底八廓街上的经杆，进行除旧立新的任务由“热加巴”承担。“热加巴”还协助管理城内流窜乞丐，追捕在押逃犯，承担收藏宗教仪式上所需特殊祭品，背运处理特殊尸体等工作，如麻风病人、乞丐、犯人和被杀者的尸体等。

无论是正式互助组织与非正式民间组织，在互助互救上，都设有一定量的基金，当会员老去、疾病、死亡或老弱无依、生活困难时，“吉度”会出资救济。基金有时还会承担各类游玩活动或宗教仪式中的支出，正式的行会成员年老后，还可享有“年金”和“休息”等待遇。当然，城镇的“吉度”与农牧区的“吉度”不尽相同。以城镇民间非正式组织组成的“吉度”为例，在农牧民之间，如果遇到丧葬、嫁娶和乔迁等活动，所有成员都会来出工、出钱。城镇“吉度”入会成员人数少，往往在20人到40人之间不等，组织一旦固定，考虑到基金和互助的能力，想要进入的成员就需要排序等候，必须等到有老成员去世才可以进入。虽然基金金额不大，但比较固定，生活困难成员可以免除当时的一些义务。基金可以帮助成员在遇到生活困难时，支出必要开支；这部分支出不一定要受助的成员归还，要看他的生活状况和经济条件而定。基金还能帮助成员平衡购买价值较高物品时出现的现金缺口，这类支出需要慢慢归还，但没有时间上的严格限定。

西藏近代领主庄园制度之外，由家庭保障和家庭间互助制度组成的农牧民保障、由各“吉度”等正式或非正式组成的保障不仅存在于当时的历史环境中，而且体现在它对现代社会功能的延续性上。“吉度”是当时民间非正式或半正式社会互助的淳朴观念、制度雏形与实践历程，作为传统西藏的主要互助形式，对西藏农牧民养老及其保障制度的建立具有相当重要的借鉴作用。

3.2 “康苏”：民主改革以来的西藏家庭

在西藏，“康苏”原是指藏民族在安顿新居后，选择“吉日”，根据主人家经济条件，举行乔迁新居的欢庆仪式；在拉萨地区，“康苏”仪式一般举行3天，日喀则等地则多数是5天，在举行“康苏”仪式时，主人家需要准备大量酒、肉和各种食物，提前通知亲戚朋友，于仪式当天前来参加庆祝活动。后来“康苏”泛指某一藏族家庭有乔迁、婚嫁、老年人高寿庆贺等活动时，大家族进行庆祝活动，并与大家分享家庭发展成果的基本形式①。

1959年3月28日，中国政府宣布解散西藏地方政府，由西藏自治区筹备委员会行使西藏地方政府职权，在西藏正式开启民主改革，废除“政教合一”的封建农奴制，百万农奴获得了人身自由，分得了土地，并享有法律所规定的政治权利，西藏迎来人民当家做主的新时代。西藏各族人民从封建农奴社会旧时代“乔迁新居”——进入了社会主义社会新时代。对于藏族家庭而言，在党中央和国务院的关怀下，藏族家庭全面获得新的生活资料、生产资料、经济支持、生活保障、社会地位和政治地位，这样的重大变迁和时代飞跃不啻于一场

① 陈立明：《西藏民居文化研究》，《西藏民族学院学报（哲学社会科学版）》，2002年第23卷第1期：第8－14页

"康苏"。

由此，西藏的家庭功能也发生了巨大的变迁。小到将"藏历新年""雪顿节"等藏民族的传统节日列入自治区的法定节假日，大到通过了《西藏自治区施行〈中华人民共和国婚姻法〉的变通条例》，将《婚姻法》规定的男女法定婚龄分别降低两岁，并规定对执行变通条例之前已经形成的一妻多夫和一夫多妻婚姻关系，凡不主动提出解除婚姻关系者，准予维持，目前保持这种婚姻关系的家庭依然存在。所有的法规和举措有力地保障着西藏人民的各项权益，客观上渐进或直接改变着西藏的家庭功能，以计划生育政策和生产方式改进为例，可管窥一斑。

3.2.1 计划生育的影响

人口发展规律表明，社会生产力水平、地理环境、自然环境因素决定了人们生育数量和生育性别的需求。西藏农牧区大多位于3千米以上的高寒缺氧地带，恶劣的生存条件，居高不下的死亡率，大量强体力劳动的需求，低下的社会生产力，决定了藏族农牧民对生育数量有着较大需求。虽然在20世纪80年代初开始，全国范围内实行了严格的计划生育政策，但西藏计划生育的要求与我国其他地方有所不同，西藏计划生育政策要求城市鼓励生1胎，允许生2胎；农村鼓励生1至2胎，不限制多生。与此同时，藏族农牧民几乎全民信教，藏传佛教教义强调不杀生，因此一旦妇女怀孕，受宗教观念影响，也不会去医院堕胎。藏族没有姓，只有名，没有明显的宗族观念，也不刻意强调传宗接代。90年代以后，西藏地区的生育率如图3.1所示。

1995 年 3 月，西藏妇女状况“白皮书”公布：1990 年，西藏育龄妇女的生育率为 127‰，生 1 个孩子者占 25%，生 2 个孩子者占 20.3%，生 3 个孩子者占 14.5%，生 4 个孩子者占 11.9%，生 5 个孩子者占 28.3%①。

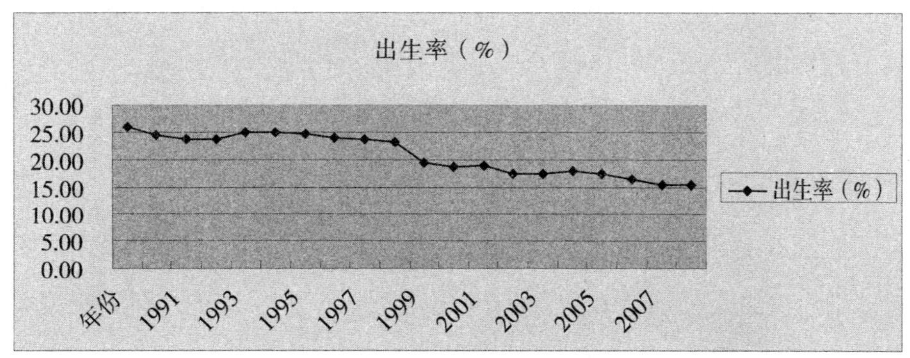

资料来源：2010 年西藏统计年鉴，第 22 页

图 3.1　西藏人口出生率变化

Fig. 3.1　the change of the birth rate in Tibet

从现在看，调研发现，传统生育观念、文化水平和宗教对西藏妇女生育子女数量的影响仍然较深。西藏林芝林牧区经济落后，生产条件差，藏族已婚育龄妇女生育的传统观念较强，将生孩子作为“增加劳力”，进而增加收入为目的的人数很多，多数以养儿防老和传宗接代为主，当然加上宗教的影响，育龄妇女认为生孩子是“天命”占不小的比例。

但随着经济社会的发展，城乡差异加大，其实在不少访谈的个案中可以察觉到，生育目的也正在发生变化，从对几户只生育了 2 个孩

---

① 王金洪：《当代西藏妇女的婚姻状况与家庭地位——对拉萨市与山南地区 200 户家庭的调查》，《民族研究》，1999 年第 3 期：第 22 – 31 页

子的家庭的访谈看，藏族已婚育龄妇女的生育目的正从单一的养儿防老、传宗接代向稳定家庭、增进感情等多元化方向发展。第一，由于全国对口支持西藏发展以来，林芝地区农牧民家庭经济条件得到了明显的改善；第二，经济援藏客观上也是教育援藏、文化援藏，对林芝地区农牧民文化素质的提高有很大促进，藏族已婚育龄妇女对生育目的也有了更多元的认知；第三，进入21世纪以来，林芝地区经济社会全面发展，年轻藏族妇女肩负的家庭规模期望，也逐步发生变化，"优生优育"的思想正在慢慢地深入家庭理念中。

从人口学和经济学的角度讲，总和生育率的降低，关键因素并不是计划生育政策，而是取决于经济社会的全面发展以及人们思想观念的渐进变迁。就西藏自治区而言，计划生育政策本身对于农牧区育龄妇女降低生育率并未起决定性作用，但是计划生育工作实施过程中的大量举措，如奖励较少生育，教育和指导育龄妇女，全面的生育护理和医疗保障，教育引导农牧民家庭等，都在客观上起到了移风易俗、改变农牧民思想观念的作用，从而为生育率的降低做出了贡献。从长远来看，生育率的降低，又在客观上改变着农牧民的家庭结构和模式，进而改变着农牧民的家庭功能和养老模式。

3.2.2 生产方式的影响

西藏农牧区历来气候恶劣，灾害严重，大部分地区农业生产是靠天吃饭，一旦遇到灾荒，土地等的微薄收入往往无法维系家庭的正常生活。

西藏长期处于封建农奴制统治下，生产力发展严重滞后。藏区高海拔缺氧的恶劣自然环境，导致当地经济基础极为薄弱。民主改革以来，在中央的统一部署下，西藏逐渐调整和完善农牧区生产关系，适应农牧业生产力的发展。民主改革后，广大农奴政治上得到解放，掌握了一定的生产资料，生产积极性高涨，生产力得到恢复。但在生产力水平比较落后的基础上，自治区也“建立”了人民公社，客观上导致农牧业生产停滞不前。

十一届三中全会后，农牧区撤销了人民公社，实行了家庭联产承包制，西藏农牧业生产出现了以家庭为单位的经济形式。自治区实行了一系列有利于农牧业生产的改革措施，如多种生产经营管理责任制等的政策。多种生产经营责任制克服了平均主义，使农牧民获得了生产和分配的自主权，农牧民主体意识得到增强，生产积极性被调动起来，农牧业生产力再次得到解放。

改革开放以来，自治区在农牧区进一步采取一系列优惠政策和改革措施，充分调动广大农牧民的生产积极性，发挥农牧民在农牧业生产中的主体作用。1980 年，国家率先在西藏实行免征农牧税，农牧民全部收入都归自己所有等的优惠政策。1984 年，农牧区实行了以家庭经营为主的多种形式的生产责任制；积极发展家庭副业，恢复了集市贸易，开展了大规模的农田、草场等基本建设。近年来，西藏将年人均收入低于 800 元的特困农牧民全部纳入最低生活保障范围，在全国率先建立了农牧区最低生活保障制度。按照“多予、少取、放活”的方针，着力促进农牧民持续增收，稳定、完善、强化对农直接补贴政策。

20 多年来，自治区在中央的大力支持下，不断加大对农牧业的投入，农牧民的生产、生活等条件都得到了很大改善。如 1991 年，国家直接投入十多亿元进行“一江两河”流域综合开发。西藏农牧区在改造中低产田，新建良种繁育基地，人工造林及苗圃建设，沿江河防护林建设等方面取得了显著成绩，也产生了生态效益和经济效益。自治区还运用现代科技改造传统农牧业，如加强农田草场基础设施建设，提高农牧业防灾抗灾减灾能力等。近年来，自治区积极推进农牧业特色产业开发，游牧民定居，退牧还草，动物防疫体系，农村沼气等项目建设，从而改善农牧区基础条件，增强了农牧业的可持续发展能力。

所有这些政策直接带动了生产方式的转变和升级，在提高生产力的同时，直接改变着农牧民家庭的生产方式，进而影响到农牧民家庭生活方式的各个方面。农牧业可持续发展能力的提高，必然带动以农牧业为基础产业的西藏地区经济社会的发展，经济好转了，社会发展了，农牧民家庭经济条件和生活条件就改善了，家庭功能也必然发生变迁。

3.3 全面援藏以来养老模式及其保障基础的现实考察

3.3.1 援藏政策及市场化影响

第一阶段、基础援藏阶段。1950—1980 年，中央确定的援藏政策是“以干部援藏为主，以资金物资援藏为辅”。援藏干部援藏期满后，根据本人意愿，可返回原籍，也可继续留藏工作。1985—1994 年年底，国家有关部委和兄弟省（市）对林芝地区援助农业项目共 13 个，共投资达 1413.5 万元；援助畜牧业项目 12 个，共投资达 325 万元；电力工业受援项目 4 个，总投资 2335 万元，总装机 2320 万千瓦[①]。这样的基础援藏和长期的投资并没有实现西藏经济社会的起飞发展，反而形成了一定程度的经济发展路径依赖。第二阶段，经济援藏阶段。1994 年 7 月，中央召开第三次西藏工作座谈会，中央做出“分片负责、对口支持、定期轮换”的援藏政策，全面加大对西藏的援助力度。会议确定由广东、福建两省对口援助林芝地区。在这次座谈会上决定全国支援西藏的 62 个大型建设项目中，林芝地区有 9 个，总投资达 12880 万元。

第三阶段，也就是现在的全面援藏阶段。2010 年中央召开第五次西藏工作座谈会，为实现西藏经济跨越式发展和社会长治久安，援藏政策进一步提升为重点省（直辖市）全面援藏，在援藏重点、援藏主体及援藏方式三大领域全面推进，重点突破。援助重点由城市转向农村，援助对象由以干部为主转向以农牧民为主，援助方式由“输血型”为主转向“造血型”为主，进一步规范“分片负责、对口支持、定期轮换”的对口支持西藏政策，实现西藏发展模式的彻底转变。会议还明确限定了对口支援省（直辖市）援藏财政预算经费的下限。第五批援藏中，17 个省市、十多个中央国家机关和多家中央企业开展了卓有成效的对口援藏工作（笔者就是中央直属机关第五批援藏工作干部团队的成员）。

目前，援藏的援助形式主要有四种。一是中央政府对西藏自治区

---

① 林芝地区地方志编纂委员会：《林芝地区志》，《中国藏学出版社》，2006 年版，第 252 页

政府的财政转移，自1993年始，这部分资金占西藏地方财政收入的90%以上。二是中央政府的直接投资项目，例如大型交通能源电信项目。三是中央职能部门、内地中等以上发达省（市）和大型国有企业对自治区下属城市和地区的无偿投资项目。四是中央机构和内地省（市）派遣援藏干部和科技人员（徐明阳，2003）。事实上，在全社会固定资产投资总额中建筑工程所占的份额最高（西藏信息中心，2001），2001年这个比率约为83%。西藏的建筑项目虽然主要由政府投资，但其实施过程却越来越多地渗入市场机制。时至今日，政府机构在项目委托和管理中引入了投标制，对不同地域不同所有制的建筑企业给予平等的市场准入机会①。

改革开放以来，西藏自治区农牧民对市场经济活动的参与和学习，更鲜明地反映出政府投资项目的直接和间接社会经济效益。据我们在田野调查和访谈中的观察，外来劳动力在异地寻求生存和发展机会方面所表现出来的主动性和创造性，对本地农牧业劳动力在空间和行业方面的转移都具有积极的示范和推动作用。

访谈发现，近十几年来，农牧民的消费需求随着社会经济开放程度的提高呈多样化发展趋势，例如，食品消费中把（青稞）减少而大米白面增加，服装消费中成衣购买增加而自制服装减少，此外还增加了对电视、电话和其他小电器的需求。传统的交易行为尽管依然存在，但是已经不能满足农牧民家庭变化了的消费需求，因为农牧民已经日益重视货币（现金）收入。因此，在基础设施和城镇建设迅猛发展并引入市场机制的情况下，且不论其他因素，仅仅是消费需求的增长，

---

① 朱玲：《西藏经济市场化进程中的劳动力流动》，《中国人口科学》，2004年第1期：第50－56页

就促使农牧区的劳动力转移和商品交换在广度和深度上都发生了实质性的变化。

访谈还发现，近几年来，改革和开放政策带来了政府施政方式的变革和个人决策空间的扩大。在这个过程中，政府虽然依然是西藏经济中投资规模最大的主体，但是政府投资项目的市场化运作使经济运行方式发生了实质性的变化。在此背景下，密集的援藏投资不仅带动了西藏和周边地区的经济增长，而且为区内外农村青壮劳动力创造了新的就业机会和多样化的收入来源。比如，林芝地区的川藏公路多个修缮和维护项目，以及各乡镇路面硬化（乡乡通公路）工程的推进，很好地带动了周边地区农牧区的就业率，提高了参与建设农牧民家庭的现金收入水平，也在很大程度上服务于周边地区的林业资源（尤其是林下资源）“走出去”战略，切实提升了林牧区的经济社会发展水平。

3.3.2　养老模式及其保障基础

改革开放以来，西藏建立了社会保障制度的部分法规，社会保障走上法制化、正规化、制度化。西藏作为一个以牧业和农业为主的地区，农牧业人口比重一直在86%以上，但长期以来，西藏社会保障制度的实施却多关注城镇居民，农牧区社会保障制度体系的发展相对城镇比较薄弱。

在医疗制度建设方面，民主改革后，西藏规定农业合作社要对缺乏或完全丧失劳动力，生活上无依无靠的老、弱、孤、寡、残的社员，给予适当安排和照顾，保证他们的基本生活需求。到2003年，随着国家新型农牧区合作医疗制度的普遍实施，自治区也开始对运行了50多年的免费医疗制度进行了规范，形成独特的、融农牧民免费医疗与新型农牧区合作医疗制度优点于一体的农牧区医疗制度。2003年年末，参加个人筹资的农牧民已达到186.55万，占全区农牧民人口的85%，全区72个县、848个乡（镇）3752个行政村建立或实施了农牧区医疗制度①。

2007年下半年，西藏全面建立和实施农牧区低保制度，解决农牧区困难群众最关心、最现实和最直接的民生问题。目前，西藏已基本建立起了以农村居民最低生活保障制度、五保供养制度为基础，以临时救济和社会帮扶为补充，以医疗、教育、住房等专项救助为辅助的城乡社会救助体系。自治区将年人均纯收入低于800元的家庭被纳入保障范围，23万农牧区特困群众因此受益。2009年，西藏农牧区五保户供养标准年人均1300元提高为1500元，相关制度得到进一步完善。田野调查和访谈也考察了相应的个案，相关的情况得到了进一步印证。

养老福利方面，1997年以前，西藏仅有1所社会福利院，主要收养孤寡老年人，以及少量孤儿和残疾人。中央第三次西藏工作座谈会后，民政部援助西藏1亿元资金用于发展和改善社会福利的基础设施，维修拉萨市社会福利院，在日喀则、昌都、那曲、阿里、林芝、山南地区新建社会福利院，实现了7个地市都建有社会福利院。近五年来，在党中央的统一领导下，国家财政支持的养老保险部分得到了显著的发展，西藏全区农牧民的养老状况得以改观。但田野调查和访谈发现，林牧区老年人的养老模式及其基础养老保障还存在很多困境，还需要

① 易玲：《论不断完善西藏农牧区新型医疗保障制度》，《中国卫生事业管理》，2005年第3期：第180-181页

不断的探索和完善。截至目前，农牧区老年人的养老模式尚不确定，养老的相关保障基础更加脆弱，家庭支持和社会互助构成了农牧区最基本、也是最主要的保障形式。

涵盖了养老等多个方面的社会保障制度提高了西藏人民的福利水平。全面援藏的战略发展机遇和市场化的冲击，使得西藏农牧民的养老及其保障基础的独特性更加明显，要从根本上解决好西藏农牧民养老等的福利问题，就要充分尊重西藏的历史、宗教、文化特质和现实基础，在发展型社会政策理论的指引下，充分利用西藏林芝地区的现有情境和历史传统，在发展中解决林芝地区的各种养老问题，有效推动西藏养老模式的建立与发展。

第4章　市场失灵：林牧区养老模式更替的现实瓶颈

亚当·斯密在他的著作《国民财富的性质和原因的研究》中指出，人们追求私人利益最大化的行为，在市场机制这只看不见的手的引导下，能够实现资源的合理配置，极大地增加社会福利。然而现实当中，市场机制在资源的配置上存在一定缺陷，存在市场失灵的情况。市场失灵（Market Failure）是指由于市场价格机制在某些领域、场合不能或不能完全有效发挥作用而导致社会资源无法得到最有效配置的情况，即在市场配置资源的过程中，无法实现生产与交换的帕累托最优条件，要素的使用效率未能充分发挥。

就林芝地区而言，虽然“吉度”文化等西藏传统文化特色为现代养老模式的建立和发展起到了重要作用，但从整体来看，林牧区养老模式的良性发展还存在着现实的瓶颈。本章从林牧区人口老龄化的变化，市场化与劳动力外流对家庭代际反哺的冲击，林牧区宗教文化长期以来带来的消极福利观，自我意识中的习得性无助以及20世纪90年代林芝地区农村养老保险试点停滞等方面深入剖析了林牧区养老的现实困境。

4.1　林牧区养老需求膨胀

4.1.1　林牧区人口老龄化现状

林芝地区位于西藏自治区东南部，雅鲁藏布江中下游，东与昌都地区和云南省迪庆藏族自治州毗邻，西与拉萨市和山南地区交界，北与那曲地区相连，南与缅甸、印度两国接壤。西藏和平解放以来，林芝地区经历建立—撤销—恢复 7 次大演变，并于 1986 年 2 月 1 日正式恢复成立。林芝地区下辖林芝、工布江达、米林、朗县、波密、察隅和墨脱 7 县，是一个以藏族为主体的多民族聚居地区，除藏族外，还有汉族、回族、怒族、门巴族、珞巴族、独龙族、白族、纳西族、傈僳族等 9 个民族和僜人，地区行政公署驻林芝县八一镇。

林芝地区东西幅员 11.7 万平方公里，地区行署所在地八一镇海拔 3000 米。东南部属热带、亚热带山地季风湿润地区，西部为高原温带季风半湿润地区，东北部为高原温带季风湿润地区。全地区气候日照偏少，长冬无夏，温度变化小；雨季开始早，结束晚，降水多；气候类型复杂多样，立体气候明显。林芝地区北部是念青唐古拉山脉，南部属喜马拉雅山脉，西北部是冈底斯山余脉，东部系横断山脉。全地区冰川及常年积雪面积 6728.2 平方千米，占土地面积的 5.78%，仅次于新疆维吾尔族自治区，居全国第二。林芝地区林地面积为 246 万公顷，占土地总面积的53.01%；森林覆盖率为46.09%，活木蓄积量8.82亿立方米，占全区木蓄积量的64.9%，是全国最大原始林区①。

在西藏和平解放后，特别是林芝地区恢复成立以来，林芝地区经济和社会进入了全面快速发展时期。1994年，中央第三次西藏工作座谈会后，自治区党委为了加快林芝的发展，于1995年召开林芝地区工作座谈会，要求林芝地区各项工作走在全区前列，率先进入小康。2005年，全地区生产总值达到24.5亿元，同比增长11.2%，比1986年增长37倍；人均生产总值1.45万元，同比增长12%，比全区平均水平高5400元，比全国平均水平高600元，比1986年增长28倍；固定资产投资完成25亿元，同比增长22.5%，比1986年增长139倍；财政收入完成1.28亿元，同比增长25%，比1986年增长35倍；农牧民人均纯收入达到2723元，同比增长13.8%，比西藏全区平均水平高645元，居全区各地（市）之首，比1986年增长6.4倍。近年来，林芝地区的经济继续保持良好上涨势头，2009年，林芝地区生产总值达到45.77亿元，同比增长13.5%；地区全社会固定资产投资430374万元；林芝地区农牧民人均纯收入4562元，比该地区上涨11.4%，居西藏自治区各地区之首，同时，在林芝地区农牧民收入中，家庭经营性收入所占比重大，转移性和财产性收入所占比重次之，工资性收入所占比重小，以2009年为例，家庭经营收入占总收入的74.34%，转移性和财产性收入占总收入的17.58%，工资性收入占总收入的8.08%②。

---

① 林芝地区基本情况：http：//www.xizang.gov.cn/getCommonContent.do？contentId = 342491

② 西藏自治区统计局编：《西藏历年西藏统计年鉴》，中国统计出版社（2010年西藏统计年鉴第21页）

林芝地区第五次人口普查数据显示，2000 年林芝地区总人口 158647 人，0～14 岁 46113 人，15～59 岁 101682 人，60 岁以上 10852 人，当时，60 岁以上人口占总人口 8.04%；如果以 65 岁作为分界点评析 2000 年林芝地区人口，那么 15～64 岁人口有 105394，65 岁以上人口有 7140 人，当时，65 岁人口占总人口比重的 5.34%[①]（表 4.1－1～4.1.2）。随着社会经济的发展，西藏社会整体呈现老龄化趋势，西藏自治区 2010 年第六次全国人口普查主要数据公报显示，同 2000 年第五次全国人口普查相比，西藏自治区 0～14 岁人口的比重下降 6.82 个百分点，15～64 岁人口的比重上升 6.48 个百分点，65 岁及以上人口的比重上升 0.34 个百分点。自治区老龄委办公室表示，西藏全区随着人口老龄化的发展趋势，老年人数量和社会化养老需求将持续增长，“十二五”期间，西藏将进入老龄化社会，老年人占西藏总人口将达到 10% 以上。林芝作为西藏的重要组成部分，其经济社会和文化传统正面临着老龄化的新挑战。

就养老保障而言，林芝地区的养老保障一直紧跟西藏自治区步伐。2011 年一季度，林芝地区新型农村社会养老保险参保人数达到 7.29 万人，征缴保费 719 万元，基本养老金发放率达到 100%；社会基本养老保险参保人数 8062 人，城镇职工基本养老保险参保人数 5826 人，城镇职工基本医疗保险参保人数 2 万余人，城镇居民基本医疗保险参保人数 1 万余人，失业保险参保人数 280 人[②]。

---

① 西藏自治区人口普查办公室编：《西藏自治区 2000 年人口普查资料》，中国统计局出版社，第 1172 页，第 1178 页

② 一季度林芝地区经济社会发展态势良好：http：//chinatibetnews.com/caijing/2011－05/10/content_ 694902.htm

表 4.1－1　人口年龄构成指数

Table 4.1　the index of age structure (first)

	人口数				占总人口的百分比			年龄构成指数		
	合计（人）	0～14 岁（人）	15～59 岁（人）	60 岁以上（人）	0～14 岁（%）	15～59 岁（%）	60 岁以上（%）	总抚养比（%）	少儿抚养比（%）	老年抚养比（%）
市合计	217779	38483	168547	10749	17.67	77.39	4.94	29.21	22.83	6.38
镇合计	290547	70202	204895	15450	24.16	70.52	5.32	41.80	34.26	7.54
林芝地区	39400	8424	29711	1265	21.38	75.41	3.21	32.61	28.35	4.26
乡村合计	2108003	707287	1232092	168624	33.55	58.45	8.00	71.09	57.41	13.69
林芝地区	119247	37689	71971	9587	31.61	60.35	8.04	65.69	52.37	13.32
林芝县	17677	4792	11301	1574	27.12	63.97	8.91	56.33	42.40	13.93
波密县	22820	7360	13735	1725	32.25	60.19	7.56	66.14	53.59	12.56
察隅县	22932	7434	13551	1947	32.42	59.09	8.49	69.23	54.86	14.37

（人口年龄构成指数两表格中所指“市”包括拉萨市，日喀则地区；“镇与乡村”包括拉萨市，昌都/山南/日喀则/那曲/阿里/林芝地区。）

资料来源：西藏自治区 2000 年人口普查资料．西藏自治区人口普查办公室编，中国统计局出版社

表 4.1－2　人口年龄构成指数

Table 4.1　the index of age structure（second）

	人口数				占总人口的百分比			年龄构成指数		
	合计（人）	0～14 岁（人）	15～64 岁（人）	65 岁以上（人）	0～14 岁（%）	15～64 岁（%）	65 岁以上（%）	总抚养比（%）	少儿抚养比（%）	老年抚养比（%）
市合计	217779	38483	173009	6287	17.67	79.44	2.89	25.88	22.24	3.63
镇合计	290547	70202	210858	9487	24.16	72.57	3.27	37.79	33.29	4.50
林芝地区	39400	8424	30198	778	21.38	76.64	1.97	30.47	27.90	2.58
乡村合计	2108003	707287	1292208	108508	33.55	61.30	5.15	63.13	54.73	8.40
林芝地区	119247	37689	75196	6362	31.61	63.06	5.34	58.58	50.12	8.46
林芝县	17677	4792	11813	1062	27.12	66.86	6.01	49.56	40.57	8.99
波密县	22820	7360	14349	1111	32.25	62.88	4.87	59.04	51.29	7.74
察隅县	22932	7434	14255	1243	32.42	62.16	5.42	60.87	52.15	8.72

（人口年龄构成指数两表格中所指“市”包括拉萨市，日喀则地区；“镇与乡村”包括拉萨市，昌都/山南/日喀则/那曲/阿里/林芝地区。）

资料来源：西藏自治区 2000 年人口普查资料．西藏自治区人口普查办公室编，中国统计局出版社

4.1.2 西藏老龄化的动态预测

郭志仪、曹建云利用中国人口信息中心提供的人口预测软件 CPPS 就第五次人口普查原始数据对西藏 2006－2050 年人口发展趋势进行了预测，当时的预测结果显示：2006 年，西藏少儿系数（即 0～14 岁人口占总人口的比重）为 29.85%，老年系数（即 65 岁及以上人数占总人口的比重）为 5.44%，老少比为 19.68%，年龄中位数为 24.41 岁，随着时间的推移，老年系数将逐步增长，而少儿系数将逐步降低，到 2050 年，西藏人口的老少比将达到 82.99%（如图 4.1 所示）。根据国际通用标准，年轻型人口，老年系数小于 4%，少儿系数大于 40%，老少比小于 15%，人口年龄中位数小于 20 岁；成年型人口，老年系数小于 7%、大于 4%，少儿系数小于 40%、大于 30%，老少比小于 30%、大于 15%，人口年龄中位数小于 30 岁、大于 20 岁；老年型人口，老年系数大于 7%，少儿系数小于 30%，老少比大于 30%，人口年龄中位数大于 30 岁。从数据看，西藏人口已进入了成年型，由此往后，将进入老年系数增长、少儿系数下降并存的格局，并逐渐进入老年型人口格局。

4.1.3 林芝三县经济分层与养老需求差异

虽然在民主改革后，农牧民的生活有了较快发展，收入水平有了明显提高，但由于一直以来受到我国城乡二元经济体制的影响，西藏的农牧民收入远远低于城镇（如表 4.2 所示），而且在有限收入中，

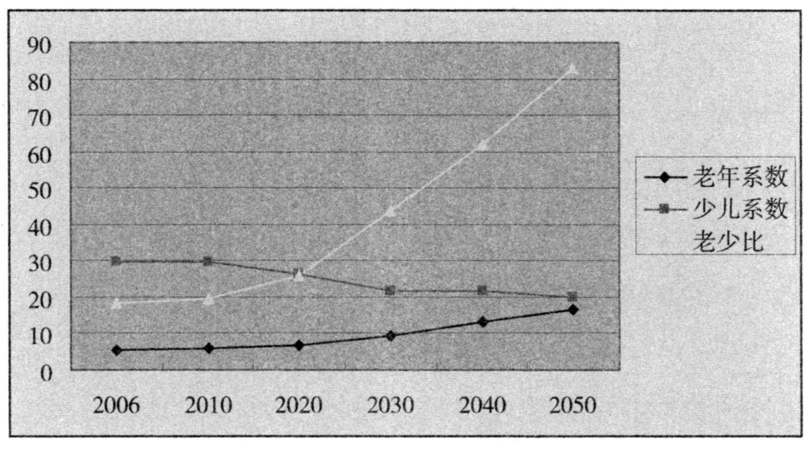

资料来源：郭志仪，曹建云. 2006 – 2050 年西藏人口发展趋势预测 [J]. 西藏大学学报，2006 (4)：6 – 13.

图 4.1 西藏人口年龄结构变化趋势预测图

Fig. 4.1 thetendency of the age structure in Tibet

最初也常以食物为主，如表 4.2 所示，2009 年，西藏地区农村居民平均每人收入为 3532 元，家庭经营收入 2193 元，在家庭经营性收入中，农业收入、林业收入、牧业收入、渔业收入占其中的绝大部分。依 2009 年收入计算，农林牧渔业收入为 1759 元，占 2009 年家庭经营收入的 80.2%，占 2009 年农牧民人均纯收入的 49.8%。而农林牧渔业的收入最初均以实物收入为主，只有通过出售产品才能获得相应现金收入。在商品经济不发达、市场不完善、城乡分割明显的情况下，农牧民增收较困难，对新型养老保险的缴费也会构成一定的困难。

表 4.2 农村居民家庭平均每人纯收入（单位：元）

Table 4.2 the income of rural households (yuan)

	1990	1995	2000	2005	2007	2008	2009
纯收入	447.07	1200.31	1331	2078	2788	3176	3532
基本收入	417.12	1101.35	1220.87	1816	2348	2677	2945
工资性收入	1.03	79.17	231.82	549	611	701	753
家庭经营收入	416.09	1022.18	989.05	1267	1735	1976	2193
农业收入	206.28	456.51	314.06	668	811	952	1006
林业收入	10.73	34.98	8.77	86	117	132	151
牧业收入	92.95	239.09	217.55	296	508	518	601
渔业收入	…	…	…	…	…	1	1
工业收入	0.8	7.97	31.26	4	14	15	22
建筑业收入	6.75	15.64	142.75	34	52	60	55
运输业收入	15.86	66.34	112.11	71	92	130	165
批发和零售贸易	7.59	44.67	45.91	66	81	95	118
餐饮业收入							
服务业收入	0.89	10.32	14.26	20	32	35	38
其他收入	28.24	115.2	102.38	22	29	38	36
转移性和财产性收入	29.95	98.96	110.13	262	442	499	586

参考文献：西藏历年统计年鉴

（1）察隅县

察隅县地处西藏东南部，原称桑昂曲宗，1966 年改称察隅县，并隶属昌都地区行政管辖。1986 年林芝地区恢复成立后，划属林芝地区管辖。察隅县东临云南省德钦县和西藏昌都地区左贡县，南面与缅甸和印度接壤，西与墨脱县，北与左贡、八宿、波密县毗邻，是西藏自治区重要的边境县之一。全县总面积 31659 平方公里（目前实控面积

19200 多平方公里），辖 3 乡 3 镇，共有藏、汉、纳西、独龙、苗、回、门巴、珞巴、傈僳、怒等十个民族和一个未识定民族——僜人，呈现小聚居大杂居和交错居住分布特点。全县平均海拔 2800 米，地势由西北向东南倾斜，典型的高山峡谷和山地河谷地貌，独特的亚热带气候①。

截至 2008 年，察隅县总人口为 26011 人，占当年林芝地区总人口的 15.6%②。据 2000 年人口普查数据，察隅县的人口抚养比就高于林芝所有农牧区的平均值。就经济而言，2008 年，察隅县生产总值完成 2.15 亿元，同比增长 14.4%，其中，第一、二、三产业产值分别实现 6210 万元、4080 万元和 1.12 亿元，分别同比增长 24%、1% 和 14%，比重为 29∶19∶52；粮油总产量完成 1.25 亿元；财政收入完成 1130 万元，同比增长 23%；农牧民人均纯收入和现金收入分别为 2756 元和 2221.2 元，同比增长 13.6% 和 20%；社会消费品零售总额 3050 万元，同比增长 5.9%。察隅县第五批援藏工作组按照援藏向农牧区倾斜的总体要求，落实援藏资金和物质 1837 万元。

该县林牧区家庭结构的主要形式是主干家庭与联合家庭，核心家庭比例较少，几乎没有。其中一方面可能是由于藏区作为我国少数民族聚集区，计划生育政策的实行比全国慢，除在西藏城镇进行较为严格的实施外，在农牧区仅处于宣传阶段，农牧民家庭子女较多；另一方面可能是人们在西藏传统思想影响下，注重家庭成员间，特别是老年人与子女同住的传统表现。农牧区居民收入主要由现金收入以及实物收入组成，其中家庭经营收入占人均全部纯收入的 70% 以上，这可

---

① 察隅概览：http：//www.chayu.gov.cn/lateshow.aspx？lid = 1

② 西藏自治区统计局编：《2009 年西藏统计年鉴》，中国统计出版社，第 38 页

从表4.4中，2009年林芝地区家庭经营收入与人均纯收入比较后得出。多数家庭处于收支平衡状态，但可能是由于涉及教育经费，或是家庭观念等其他因素，部分农牧民对每年储蓄等的具体信息透露较为含蓄。

同时，在西藏农牧区，退休并不代表着劳动状态的终结。多数农牧民表示："只要干得动活，就尽量干下去。"这一点与内地农村有类似之处，可能是由于家庭因素的影响，也可能是人们具有传统观念的一种体现。在收入水平较高家庭中，在养老保障方面，虽然有的表示，愿意参加养老保险，缴纳保险金，认为"现在国家的政策很好，并愿意参加养老保险、相信共产党"，但同时也有"还没考虑养老的打算"，"对养老保障的相关政策并不清楚"，等等，总体而言，该群体虽然对政府有信心，但参与养老保险意愿不明显。

在中等收入家庭中，问及一位单身女僜人养老保险意愿，表示"没想那么远"，其中，在此户调研期间，一位陪同考察并做翻译的自治区共产党员代表在加入养老保险问题上，对世纪之交的那次养老保险政策试点，认为是"已经被欺骗了一次"，因为"三年不到就中止缴纳养老金"。也有的农牧民谈到，"几十年之后，万一国家发生变化，比如大的灾害或战争，那时候我们交的钱有可能被拿去买子弹哦"，这种说法代表了一些群众对于国家未来偿付能力的担忧；而目前媒体报道的一些地方养老金出现空额，似乎也增加了农牧民的这种担忧。虽然总体上访谈对象都表示养老保险"需要的，有好处"，但世纪之交养老保险试点工作未能良好实现的情况，使不少被访者对未来可能实行的养老保险或保障方案存在担忧。

在某低保户调研访谈期间，随同的村干部表示，该村主要相信

"养儿防老"理念；面对不赡养、不照顾老人的小辈，村里会给他很大的舆论压力，但却并没有很好的改进措施。在问及村里的老年人发挥怎样的作用时，访谈发现，农牧民甚至村委有时候会向村里的老年人咨询"最佳的耕种时节"等各类事情，显示出，林芝地区农牧民比较尊重老年人以及他们的生活经历和实践经验。

（2）波密县

波密，古称博窝，藏文意为祖先，位于西藏东南部，念青唐古拉山与喜马拉雅山交界处，属藏东南温带半湿润高原季风气候区，冬暖夏凉，雨水充沛。全县下辖3镇7乡84个村委会，总人口3.1万，其中农牧业人口2.1万，总面积16578平方公里。县境内水利资源十分丰富，并且多分布于峡谷，水头高，水流急，落差大。2009年《西藏年鉴》显示，波密县经济保持较快增长。2008年全县生产总值完成53940万元，同比增长20%。财政收入完成2460万元，同比增长22.5%，连续三年保持20%以上高速增长。投资规模不断扩大，国家投资完成13848.02万元，同比增长39.1%。社会投资完成16098.4万元，招商投资到位资金4000万元，被评为林芝地区争取国家投资第一名。2008年，农牧民人均纯收入达到4512元，同比增长14.1%。旅游方面，由于受客观因素影响，2009年全年累计接待游客6.64万人次，实现旅游相关收入1951.9万元，分别同比下降29.2%和28%①。

在养老方面，波密县根据《林芝地区新型农村社会养老保险宣传工作方案》的通知要求，及时成立新农保宣传活动领导小组，制定宣传活动方案，在县城主要街道、人群密集区悬挂横幅、张贴标语、设

① 西藏自治区人民政府办公厅、西藏地方志办公室：《西藏年鉴（2009）》，西藏人民出版社2010年版，参阅442页

立政策咨询点，在波密县电视台播出新农保政策条款。广泛开展具有针对性、群众性的宣传服务活动。要求60周岁及以上农牧民百分之百参保，16~59岁的参保人员要达到82%。截至2011年9月，波密县各乡（镇）16~59岁参保人员为2635人，缴费金额28000元，各乡镇参保、缴费等各项工作正在陆续办理当中①。

调研和访谈发现该县林牧区有着家庭协商、长者为尊的显著特点。在相当一部分家庭中，老藏民或许已经年老，没有劳动能力，但可能是由于藏文化意识使然，也可能是由于受家庭客观原因影响，老年人在家中还是具有绝对的主导权。在一些收入较高的家庭中，虽然也有以家庭协商为主的形式，但总体上，父母以及老年人还是作为家庭的重要成员，在家庭决策中起到重要的引导作用。少数民族都存在着根深蒂固的“孝”与“家”的观念②。在西藏农牧区，家庭内部，传统文化体现显著，家庭内部互助突出，家族间存在互帮互助、邻里间存在换工形式。

调研和访谈还了解到，老年人就医，基本以家人护送为主。平时，在需要帮助的时候，家族内部和邻里间会有相互帮助，“家里有3亩左右的田地，农忙种地等她有不懂和没法做的事情，大家会教她，会帮忙插秧，收割水稻。别人帮工时，家里负责请吃饭。”

藏族家庭热情好客，与在察隅镇访谈所面临的困境类似，由于语言不通，虽然被访者很有表达欲望，但访谈过程很难接收到一点翻译之外的信息，只能凭借深入细致的观察和分析。同时，与此相对应的

① 波密县认真做好养老保险扩面工作：http：//www.bomi.gov.cn/Article/ShowArticle.asp? ArticleID=10353

② 陈翔：《略论民族地区农村家庭养老模式》，《四川理工学院学报（社会科学版）》，2008年第23卷第1期：第26-29页

是，在波密县调研中，发现虽然有很多户藏民能听懂汉语，或是说能够进行交流，但他们很少直接回答问题，经常是先与随行调研的翻译用藏语进行一定的交流后，取得某种一致或确认后，再由随行调研的翻译用汉语回答或自己用汉语回答。

（3）林芝县

林芝县地处西藏东南部，雅鲁藏布江与尼洋河交汇处，素有“西藏江南”的美誉，距自治区首府拉萨406公里。所辖的八一镇为林芝地区行政公署和县政府驻地，川藏公路318国道东西横贯全县。全县区域面积为10238平方公里，其中耕地面积3.8万亩，草场面积56.5万亩，森林面积502万公顷。县平均海拔3000米，气候属高原温带湿润季风气候，气候温和、雨量充沛、生态环境优美、自然景观独特、历史遗迹多，是一个得林独丰、得水独灵、得天独厚的风水宝地[①]。

林芝县下辖4镇3乡（林芝镇、百巴镇、八一镇、鲁朗镇、更章门巴民族乡、布久乡、米瑞乡），74个行政村，134个自然村。全县总人口6.7万余人，其中农牧民1.5万多人，以藏族为主体，聚居着藏、汉、回、门巴、珞巴、僜人等十多个民族。

1959年民主改革的胜利彻底粉碎了封建农奴制后，该县林牧区经济发展开始起步，1960年，各种粮食作物总产量为391.17万斤，油料13.15万斤。1980年，农村实行土地联产承包责任制，使林芝县农牧民的积极性得到空前高涨。1981年全县2678户，28721人，耕地39532亩，粮食总产量达到1432万斤。

改革开放以来，尤其是中央第三、四次西藏工作座谈会以后，林芝县经济状况进一步发展，2008年，全县生产总值完成208034万元，

① 林芝概况：http：//zt.tibet.cn/web/linzhixian/lzx/20031200811109 3805.htm

同比增长18%，同1998年相比增长4.8倍，一、二、三产业分别完成7989万元、70963万元、129082万元。农村经济总收入15074万元，同1998年相比增长3.2倍；财政收入完成3100万元，同比增长24%，同1998年增长4.32倍；农牧民人均纯收入完成4970元，其中现金收入3529元，分别同比增长15%和11.85%，分别比1998年增长2.88倍和3.41倍①。

具体而言，2008年，林芝县在实现经济增长方面，一是抓结构调整，壮大特色农牧业发展。特色农作物连片种植面积达1.65万亩，其中，大面积推广优质玉米种植8033亩获得成功，产量737.8万斤；引导农牧民连片种植脱毒马铃薯1400亩，产量560万斤；大力实施"百村千棚"农牧民菜篮子工程，完成18个行政村678座大棚温室建设和种植任务；搭建西瓜、葡萄、草莓温室200座，种植面积300亩。全县养殖犏牛、黑白花奶牛、优质奶牛总数量1474头。二是抓市场引导，不断提高特色产业发展组织化程度。组织成立了各种专业合作社14个，发展农牧区经济实体486户，农牧区经济人127人，农牧民进入企业、经济合作组织、协会进行生产经营的户数达1200余户。三是抓内引外联，加快特色旅游业发展。通过招商引资，一大批旅游企业落户林芝县，重点开发了鲁朗景区项目、鲁朗五寨景区、琼果林景区和农家乐等旅游资源，新开发了工布男女服饰、工布男女背包、竹器、石锅、木碗、5大系列17个品种的旅游产品。通过开展摄影采风、举办展览会、组织文艺队到区内外演出等活动，大力宣传推介林芝优美的景区景点和独特的自然风光，吸引大量的游客前来旅游观光，促进

① 民主改革50年林芝县经济社会发展纪实：http：//www.chinataiwan.org/zt/wj/xizang50/xizang509/xizang5024/200904/t20090413_867937.htm

林芝县旅游业的快速恢复性发展[1]。

在养老方面，2007 年，林芝县先后投资了 40 万元，将布久乡原乡政府驻地房屋进行维修，作为敬老院，床位共计 30 张[2]。现在，新型农村社会养老保险的宣传和参保工作也正有条不紊地展开。

在林芝县的调研与访谈发现，除上述提到人们类似的养老保障意愿外，还有家庭表示在参加过 20 世纪 90 年代末的农村养老保险，但没有相关“证件”，说明当时养老保险在办理过程中管理等方面存在不健全的状况。

住宅与衣、食、行等一样，都是人们重要的生活资料。但是在由生存资料向享受资料和发展资料发展的过程中，住宅具有自己的特性。因为衣、食、行等资料的丰度（质量、性能、功能、规格、花色及原料来源和其内部结构）无论怎样提高和变换，都只为人们提供单一用途，而住宅丰度的提高不仅意味着居住条件的改善，而且意味着居住内容的扩展，其用途越来越广，除了作为人们的栖身之所，还是人们进行文化、教育、科技、娱乐、社交和某种生产活动的场地。在传统社会，人们的生活容量少，需求低、交往少、对住宅的使用方式一般是主要用来满足人们的生理需要，居住内容狭窄、单一。现代化社会人们对住宅的使用方式则需满足人们的多种需要[3]。

居住水平成为衡量人们生活质量的一项非常重要的内容，房子的面积、装饰风格、空间形式、色彩布局、家具物品陈设等方面能从侧

---

① 西藏自治区人民政府办公厅、西藏地方志办公室：《西藏年鉴（2009）》，西藏人民出版社 2010 年版，参阅 442 页

② 林芝县城乡养老服务设施建设进程顺利推进：http://www.tibetinfor.com.cn/web/linzhixian/lzx/200312008118142429.htm

③ 张仙桥：《住宅社会学的兴起及在中国的发展》，《社会学研究》，1995 年第 1 期，第 13－19 页

面标志着一个国家或地区经济发展和社会进步的程度、居民生活条件的差异。调研与访谈发现，林牧区居民基本上都在近几年翻修房屋，收入较高或是中等收入的多于近3~5年修建新房，收入中下水平的也有在这两年翻修房屋的，虽然均有相应的国家补贴，但也说明，西藏地区经济在前几年的飞速发展后，人们的生活水平确有了很大提高。在林芝县的调研与访谈发现，农牧民的参保意愿较高，绝大多数均表示“国家规定多少就交多少”，可能是代表林牧区一部分农牧民的意见，但不可否认，这与林芝县经济条件相对较好是分不开的，有大量研究表明，经济条件与农民参加养老保险的意愿成正相关。调研与访谈也发现，尽管经济条件上已经有所改观，但林牧区老年人的精神生活相对还比较匮乏，家庭成员也无明显的娱乐活动，闲暇生活还是以做家务、看电视为主。养老保障中的精神慰藉方面，目前在林牧区老年人中恐怕难以很快实现。

4.2 家庭代际反哺式微

4.2.1 市场化对家庭代际反哺的冲击

有研究指出国家干预对家庭代际反哺关系转变产生了一定的负面作用。贺雪峰（2008）[①] 批判了国家政治决定论，他认为虽然新中国

① 贺雪峰：《农村家庭代际关系的变动及其影响》，《江海学刊》，2008年第4期：第109页

成立后的集体经济体制以及妇女解放运动很大程度上改变了家庭结构和代际反哺关系，但国家主流意识形态和集体经济体制本身都没有完全抛弃尊老爱幼等传统伦理精神，孝文化的弘扬使得代际反哺关系保持着相对平衡。Stacey Judith 对社会主义运动时期我国农村的考察发现，资本主义现代化对传统家庭关系的破坏程度，远比革命社会主义引导下的现代化对其破坏程度要严重得多。他的研究还证实，很多传统家族价值观念很快与新政权实现了共存与融合，但这种关系却在随后的市场化改革中受到前所未有的冲击。Jack M. Potter 的研究也认为，集体化时期的社会主义运动并没有改变旧社会保留下来的包括代际反哺关系在内的基本亲属关系结构，但改革开放以来的经济建设运动却使得传统亲属关系结构逐渐失去稳定。

改革开放30多年来的经验显示，市场正以一种前所未有的力量冲击着乡村原有社会秩序和家庭关系。正如波兰尼在他的《大转型：我们时代的政治与经济起源》中所预言的，市场经济下“非契约关系，诸如亲属关系、邻里关系、同业关系和信仰关系等都将被消灭掉，因为这些关系要求个体的忠诚并因而限制了他的自由。[①]”当市场经济下个体自主和独立都得以很大释放和发展的时候，家庭关系却在这一进程中“悄悄地”发生了巨变。

调研和访谈发现，全面援藏政策实施以来，西藏经济社会面貌发生了翻天覆地的变化，西藏城镇和农牧区家庭都不同程度地受到了市场经济的冲击。无论是从消费方式、消费理念还是生活方式、生活理念，再到家庭习俗甚至宗教文化，市场经济的冲击无处不在。藏族家

① 卡尔·波兰尼：《大转型：我们时代的政治与经济起源》，冯钢、刘阳译，杭州：浙江人民出版社2007年版：第140页

庭中的代际反哺关系也开始出现失衡，子女不孝顺的现象也不再是孤例，也出现了一些家庭因经济条件困难，而不得不“忽视”老年人经济供养条件的情况。

调研和访谈还发现，林牧区在家养老（类似于居家养老）虽然满足了老年人基本的生活需求，但是仍有老年人对此存在担忧；近 90% 的家庭中，老年人对家庭的经济收入水平存在担忧；超过 2/3 的老年人并没有开始关注自己的身体健康，也没有考虑当自己生活无法自理时，该如何生活，该由谁来照料自己；访谈中几乎所有的老年人最担心的是子女的生活和未来。从调查来看，林牧区在家养老的方式具有以下特点。

第一，从老有所养来看，除了极个别当过乡村干部或曾在城镇就业过的老年人有一定退休收入外，林牧区老年人的收入来源主要是家庭及本人的劳动收入，包括林业、农业和牧业等方面，也包括运输服务业，子女打工收入等。国家的保险及社会的福利，并不能作为主要收入。调查发现，林牧区老年人总体上可以实现基本生活保障，但大多只能保障中等偏下的生活水平。由子女供养的老年人，仅占到访谈对象的 1/5，这些老年人大都受到子女的经济补贴和生活供养，这在很大程度上提高了老年人的生活质量。

第二，从老有所居来看，调查发现，老年人的居住状况与家庭的居住条件成明显正相关。1/5 经济条件中等偏上的家庭中，老年人的居住条件相对好一些。1/3 经济条件困难或者较困难的家庭，老年人的居住条件就差很多。调研发现老年人住房条件与是否和子女共同居住有显著关系，老年人自己单独居住的，大都条件困难些，调研与访谈中，只发现一个案例，这位老年人，靠林芝地区的安居工程款，乡镇和村里的扶贫补贴，以及国家和地区的五保户补贴支持，建起了独立的房屋与老伴共同居住。乡里还给他补助了种猪和粮食，以补贴他的基本生活需求。

第三，从老有所医来看，健康与否是老年人养老水平的重要指标。调研与访谈发现，100%的林牧区老年人参加了农村合作医疗保险。1/3以上的老年人很担心生病后的医疗负担会导致家庭的经济困难，而对家庭生活构成影响。还有接近1/3的老年人，在生病后，只要自认为不是重病、大病，都表示不会去医院诊治，往往借助于藏药或药店买的药品进行自治自愈。

第四，从老有所乐来看，访谈发现林牧区老年人，除了看电视、带孩子、做家务甚至农活之外，几乎没有其他真正意义上的娱乐，更没有“多姿多彩”的老年生活。林牧区的老年人也没有任何如“老年协会”等的组织，老年人平时的休闲方式主要是自我娱乐，未发现有组织的活动。在众多的娱乐方式中，排在首位的是看电视，经济条件好些的还有打麻将、看报纸等；近八成的老年人选择了聊天、照看孩子或做家务（调研与访谈发现，很多老年人都表示这就是他们的“娱乐”）；没有发现有老年人参加旅游、上网、文艺等娱乐休闲方式。

第五，从老有所为来看，林牧区老年人的教育程度普遍很低，未发现有老年人希望再学习的需求。访谈发现，几乎全部的林牧区老年人都是以“为子女分担农活”，引导子女做家庭的重大决策和重要投资（如建新房，买拖拉机，买卡车等）为主要的“作为”。这与林牧区家庭中，老年人往往还是家里的家长和权威的发现相吻合。至于参与社会活动的方面，那显然还是很遥远的愿景。

总之，家庭养老是符合林牧区当前条件的养老方式。它可以满足老年人的基本养老需求，但在老有所医、老有所乐、老有所为等方面，还有很多不足；同时它还面临着市场经济的冲击。

2000 年西藏地区平均家庭户规模是 6.79 人，2006 年平均家庭户规模下降至5.59 人，2009 年平均家庭户规模有下降至4.6 人。由此可见，西藏地区家庭人口规模呈现下降趋势，这与人们的生育观念改变密切相关。家庭规模缩小后，家庭养老的功能随之弱化。子女多，养老功能强一些，相反，独生子女家庭则要弱一些。随着林牧区家庭的子女进入城镇，一些家庭出现了子女与父母代际分居的情况。全面援藏政策实施后，西藏经济快速发展，众多林牧区青年开始向城镇流动，造成一些老年人滞留林牧区，客观上也导致了家庭养老的困难。

市场化和现代化也给林牧区人们的思想观念带来冲击。随着西藏地区跟外界交流更加频繁，人们的思维方式、行为方式等都发生了深刻的变化。在传统的在家养老模式基础上，进一步完善现有的养老方式，是进一步做好老年人工作的必要之举。首先，要进一步强化家庭的养老功能。家庭保障一直以来都是我国农村老年人养老的重要保障形式，就目前西藏发展情况来看，在相当长的一段时间内，在家养老将继续承担着老年人养老的重任。在强化家庭养老功能的基础上，必须进一步完善老年人服务体系。对于林牧区而言，老年人服务体系很不健全，这是林牧区农牧民养老保障水平提升的又一掣肘。

4.2.2 劳动力外流对家庭代际反哺的冲击

全面援藏政策实施以来，政府投资项目直接和间接带来的经济效益和社会效益，促进了农牧民对市场经济的了解和认知，农牧民被动或主动地参与到了市场活动中。林牧区处于不同海拔高度上的农牧民，一般都是根据本地自然条件从事不同的经济活动，大部分都是半农、半林、半牧、半旅游服务业的格局。近 20 年来，林牧区农牧民的消费方式随着经济条件的提高呈多样化发展，如食品消费中减少了青稞的消费，大米等有所增加，服装消费中自制服装减少了，购买成衣的增加了。农牧民对电视、电话和小家电的需求增加了。这与本地农牧民劳动力转移，经济收入提升，有着密切关系。

自治区基础设施建设的大型项目为林牧区农牧民提供了打工挣钱的机会。外出打工的农牧民，一种是政府组织安排的，还有一种是自由结伴外出打工。大型项目如青藏铁路建设、输油管道铺设等项目实施期间，沿线政府组织附近农牧民承担土方工程。林牧区乡镇及行政村通公路的项目，广东和福建两省的援藏建设项目，都为当地农牧民外出打工，甚至就近就便打工，提供了很多机会。那些原本没有打工习惯的农牧民，在政府组织、其他农牧民带动下，渐渐开始适应并习惯了外出务工来挣取经济收入的生存方式。这些农牧民通常由一个自治区经济市场化进程中的劳动力流动包工头带领，外出务工。

自治区投资的农牧区经济发展项目可以提供短期就业机会。这些投资的重点，主要集中在农村能源、乡村道路、农田水利、草场改良和人畜饮水等方面，林牧区农牧民不仅可以从项目中获得现金酬劳，而且还能受益于农牧业基础设施的改善。虽然林牧区的劳务输出尚未普遍，但已逐渐成为农牧民家庭现金收入中的重要来源。与此同时，劳动力的流动为林牧区农牧民综合技能提高提供了可能和便利。有学者研究认为，政府投资项目未使西藏自治区本地劳动力充分受益，事实上，农牧民在技能学习和综合能力提高方面的积累需要较长的时间。林牧区的农牧民务工人员正是从土方工程的小工开始做起，渐渐开阔眼界，提升技能，与外来务工人员交流，获取市场和务工信息，并切实提高了收入水平。近年来，随着林牧区农牧民收入的提高，以及自治区和林芝地区新居补贴政策的落实，农牧民住房建设的需求不断增加，林牧区藏式住房建筑队应运而生。以工布江达镇为例，该镇不但有当地劳力组成的筑路队，而且还有民俗房建筑队。可见农牧民已经从市场活动中学习和掌握了一定的知识技能，也因此逐渐适应了西藏经济社会发展的进程和各种社会环境的变化。

林牧区农牧民对家庭劳动力的使用，也是在权衡机会成本之后做出的决定，这也是农牧民很少到外省市务工的原因之一。许多人口规模较大的复合家庭，劳动力资源丰富，成年人分别从事林业、牧业、农业、商贸和外出务工等工作，老年人、妇女和孩子往往是祭祀朝佛的主要代表。这里需要顺便提及的是，在我们走访过的农户中，无论贫富，家家对寺院的布施和对宗教活动的支付都是量力而行，大部分家庭专门的宗教活动每年支出不到收入的1%，总体上低于20世纪末自治区农牧户5%的平均水平（孙勇，1999）[①]，这与林芝地区藏族宗教传统相对薄弱的历史基础很有关系。近20多年来，全面援藏政策带来了政府施政方式的变革和个人决策空间的扩大。政府投资项目、援藏项目的市场化运作使经济运行方式发生了很大变化。较为密集的援藏投资带动了林牧区的经济增长，也为林牧区农牧民劳动力提供了新的就业机会和收入来源。

---

① 孙勇主编：《西藏：非典型二元结构下的发展改革》，中国藏学出版社

4.3　福利依赖：林牧区养老的现实困境

一个地区经济、社会、文化对该地区的社会变迁有着重要影响。林牧区传统文化的观念及宗教活动影响人们行为和社会生活的各个方面，对西藏的发展和稳定有着重要作用。但就社会保障而言，林牧区传统文化对养老事业发展的影响是特殊而复杂的，一方面，林牧区传统文化中家庭养老以及“吉度”的互助氛围使得林牧区在养老事业的发展过程中有中东部发达地区所逐渐缺失的元素，而另一方面，林牧区在历史的发展过程中，由于各方面因素共同作用的效果，其“福利依赖”性使得林牧区的养老存在现实的困境。

4.3.1　消极福利观：宗教文化的桎梏

藏传佛教文化及其相应的“政教合一”体制对西藏养老事业的发展进程有着特殊而复杂的影响。

从 9 世纪中叶至 13 世纪，藏族社会一直处于封建割据状态，各封建领主势力基本达到动态平衡。此时，佛教得到复兴，进入后弘期，由于没有统一的思想统领，因此，割据状态使得西藏佛教在 11 世纪到 13 世纪逐渐发展出众多教派，佛教在各地方领主扶持下分散发展，阿里古格王为威宋之后裔，其王益西沃出家为僧，建寺译经，选派聪慧之人去印度学法。古格王孜德举办全西藏的“丙辰法会”。永丹六世孙耶歇派鲁梅等去安多丹底贡巴饶赛学法。但此次复兴与过去吐蕃王朝时期不同的是，佛教的发展具有群众基础；民众饱受战争、社会动荡后，向往佛教“戒杀生、求祥和”的境界，深信佛教因果轮回、修身成佛的解脱之道。佛教僧侣是当时社会上的知识分子，佛教僧人和寺庙垄断了文化生活和教育事业，佛教为自己的形成准备了群众基础和知识基础；就领主而言，封建领主一方面是想以佛教的影响力稳住民众，另一方面，封建领主看到佛教作为新的社会力量，有着巨大的潜在力量，联合佛教势力，既可以在佛教势力未成大气候时加以控制，又可以借此加强力量对付其他封建领主；从佛教方面，由于当时佛教复兴不久，只能先依赖分散的政治势力在政治上和经济上的支持，封建势力的互不统属，正好为之提供了良好的发展环境。

随着藏传佛教的进一步发展，各宗派与各地方割据政权联系日益密切，从历史的视角看，一方面，虽然佛教经历了一定时期的灭佛期，但作为一个历史传统，僧人参政掌权还具有强大的渗透力。另一方面，在各地方封建割据政权、各宗派的形成之时，佛教便是依赖家族势力的扶持、依附地方贵族势力的，佛教的成长与发展需要雄厚的经济基础和强大政治保障使各宗派与家族政权有着无法割舍的联系，教派和政权相结合成为“二位一体”的联合体，这个联合体被一个家族所掌控，家族势力逐渐掌控宗派后，发展宗派与地方势力也就有了你中有我、我中有你的关系，这是藏传佛教区别于其他佛教的最突出特点，也是藏族社会“政教合一”体制的雏形。17 世纪，格鲁派走上西藏政治舞台，建立以达赖喇嘛为首的噶丹颇章地方政权，在藏区实行佛教改革，提倡戒律，发展教派势力，扩大寺院组织，建立寺院经济体系，扩充僧民人数，形成了遍布藏区各地的庞大寺院集团网络。

从政权性质、政治状况看，西藏政教合一是神权与政权的结合，处理政治、经济、社会、军事、法律以及民间事务都以佛教教义为基本准则，服从宗教领袖、遵循佛教教义为最高的原则。在“政教合一”的封建农奴制度下，西藏封建农奴制形成由寺院、贵族、官家三大领主，共同占有土地、农奴人身的制度。人按血统贵贱、职位高低分为三等九级。“人有上、中、下三等，每等人又分上、中、下三级”。大小活佛及贵族属“上等人”；商人、职员、牧主和农村中的大差巴户属“中等人”；下层劳动人民，广大的农奴和奴隶则属“下等人”。铁匠、屠夫、送尸者则被视为“下等下级人”，地位更低于平民，不能与平民平起平坐，也不得同他们在一个碗里喝茶喝酒。

中央政权授以各地区封建势力首领土地和农奴，使世俗和寺院封建主的政治经济地位大大增强，但与奴隶制时期不同的是，领主不是完全占有农奴，而是不完全占有，他们把农奴限制在一定范围内，使其方便役使，允许他们安排自有经济的经营，而不是如同奴隶一样死死控制，完全掌握他们的生活和命运，只是封建农奴时期，西藏的封建主以神佛意志奴役农奴，使强制的奴役笼罩命定论色彩，也使得农奴甘心忍受领主奴役。农奴一出生，就有了主人，农奴死亡，向农奴主销名。农奴结婚，要先向领主送礼，分属不同领主的男女农奴结婚，要事先取得双方领主同意。有的交付购身费，转为另一方领主的农奴；有的由对方领主交换一个农奴；有的男女双方原领属关系不变，婚后生的男孩归男方领主，生的女孩归女方领主。

藏传佛教的教义、戒律、禁忌，特别是在佛教核心思想基础上形成的宗教观念、价值观，深刻影响着社会生活的各个方面以及信徒（民众）的各项行为。

从宏观层面看，全民信教的宗教文化给人们带来的影响主要包括以下几个方面：在经济方面，佛教徒价值趋向是非经济性的。在生产与经济行为上表现出生产与经济行为仅仅是为了维持生存及生命运动的最低消费，其他财富全部奉献给寺庙；人们用极其有限的物质消费“满足”其最基本的生命运动，在清心寡欲、精勤不息中度过一生；在生产的经营上，追求稳定性，不求生产方式改进。至此，广大农牧民虽然与贫困相伴，但对经济社会的发展和社会公平正义缺乏内在的需求动力。在社会上，农奴和奴隶不仅在经济上受剥削，而且没有完全的人身自由，没有任何民主权力。需要忍受着一切苦难，把希望寄托在来世上。在文化上，政教合一的体制，宗教成为占统治地位的社会意识形态。封建领主为使封建特权神圣化，利用宗教教化人们忍耐、妥协、逆来顺受。凡是与统治阶级意志相违背的新思想、新文化和科学技术都加以禁锢，阻碍教育的普及和科学文化的发展，当时文盲率高达90%以上。总之，在藏区社会中，佛教思想牢固地影响着藏族人民，是其民族的文化精神之所在。

从微观上看，藏区社会全民信教，这样的社会风尚令藏区的寺院在某些功能上类似于西方的教会组织，家庭则承担了更多整合、延续宗教情感的职能。这种宗教情感不仅是个人的私事，更是体现群体认同的重要标志。调研与访谈发现，林牧区家庭成员内部共同的宗教信仰加强了家庭成员间的情感，增加了家庭成员内部的互动；同时在家庭宗教活动开展的过程中，家庭成员间的各种交流以及彼此唤起的宗教记忆和群体认同，更强化了宗教在家庭场域中的传承和发展。

从林牧区老年人的养老现状来看，长期以来，在家庭中形成的宗教传承的特殊性，使得藏区居民与现代都市居民追求高档消费、思考老年生活质量的目标显然不同，林芝地区林牧区居民更多的追求非物质领域的宗教性消费。调研与访谈还发现，林牧区居民对今后的老年生活质量以及养老问题的考虑最多，最常见的是回答莫过于“没想过”“不知道”等。

调研与访谈发现，在林牧区居民的日常生活中，在购置家庭宗教用具、寺庙礼佛以及请僧人念经是林牧区居民消费重要的组成部分，特别是家庭宗教用具较为普遍，在经济状况较低的家庭中，通常包括释迦牟尼、度姆佛像，活佛照片、经卷等家庭宗教活动主要宗教用具；在经济状况较好的家庭中，包括的内容更多，柱子上、墙面都贴满各类藏族传统的装饰画，还有毛泽东、朱德、江泽民、邓小平、胡锦涛等国家领导人的画像，其中也包括十三世班禅大师。大门的两边，摆放藏式的“沙发”座，可以坐，可以盘腿其上，也可以躺卧，“沙发”前的藏式“茶几”摆放苹果、核桃、玉米粒和糌粑等，壁橱中摆放各类藏族家庭的日常用具以及宗教器物，贴满了装饰画。除此之外，藏区社会中，民众的宗教生活还包括生老病死、婚丧嫁娶、盖新房或者是日常生活的祈福等请僧人念经，个体或是家庭到寺庙礼佛等。

藏族宗教生活与世俗生活同一性的特点，使得人们一出生就在“宗教”生活中，人们对宗教情感的获得与习得其他生活习惯类似，在人的社会化过程中自然发生，并由此强化个体在群体中的认同感，获得群体中的强大凝聚力，由此，虽然工业化，城市化的来临使得藏族的生活有了变化，但宗教对林牧区居民的重要性没有发生太大的改变，林牧区居民的宗教生活和宗教情感也没有发生很大改变。宗教文化贯穿在藏民族的家庭生活中，作为藏族人们心中的精神归宿仍然发挥着隐性、间接的作用，与藏民族人们的日常生活紧密地关联在一起。

4.3.2 习得性无助：自我意识的惯性

“习得性无助”最早由美国心理学家塞利格曼提出，在塞利格曼的实验中，被关在笼子里的动物，在经过多次逃避不了的实验电击后，即使先打开笼门，给出电击暗示，动物们也不再逃跑，反而在电击之前，就自动倒地呻吟和颤抖等。这种对于本身可以主动逃避的痛苦，不躲避，反而绝望地等待痛苦来临的状况，被称为习得性无助。确切地说，在心理学上，习得性无助是个体在经历了某种学习后，认知、情感和行为上出现消极的特殊的心理状态，或是强调一个人遭遇连续的失败和挫折后，面对问题时产生的无能为力或自暴自弃的心理状态和行为[①]。

“习得性无助”的心理特征包括多个方面，在林芝地区的调研与访谈发现，林芝地区人们的习得性无助主要表现为人们在自我意识中的“低自我概念”“低自我效能感”。其中，自我概念是个体对自己的生理、心理、社会适应性等特征的自我评价与自我知觉。自我效能是个体在执行行为前，对自己能在什么水平上完成任务的判断、信念与自我感受。习得性无助感是由于失去自我控制力而导致的拒绝努力的自我挫败的思维。当人们发现无论自己如何努力，无论自己干什么，都以失败而告终时，他们就会觉得自己控制不了整个局面，而对自己的工作能力产生怀疑和不确定的态度，最后个人就会倾向制定较低的工作目标以避免失败的体验。

---

① 赵瑞雪：《“习得性无助”及其在管理实践中的思考》，《高等农业教育》，2011 年第 5 期：第 35 – 36 页

在经过细致的调研与访谈后，笔者认为，林牧区老年人的习得性无助感对养老的影响是相对较大的，而这种无助感的产生一方面是由于民主改革以前，封建农奴制的影响；另一方面则是由于藏区长久以来宗教思想与生活深度融合的影响。

在旧西藏的封建农奴制度时期，西藏绝大多数土地和民众都纳入庄园制度之中，封建庄园的土地占有和经营方式，是西藏封建农奴制的基本特征之一。西藏的封建农奴主包括官家、贵族、寺庙上层僧侣三大领主。虽然官家、贵族、寺庙上层僧侣这三大领主的总数只占总人口的5%，却占有西藏的全部土地、草场和绝大部分牲畜。

封建庄园按领主不同，分为三种，一是政府庄园，为西藏地方政府直接占有，藏语称“雄溪”；二是寺庙庄园，藏语称“曲溪”；三是贵族庄园，藏语称“格溪”。庄园土地的经营方式分为领主的自营地和差巴的差地。领主自营地，是用农奴的无偿劳役来耕种，全部收获归领主，自营地所占比重越大，领主对农奴的剥削就越重。差巴一般领种差地，并给政府支外差，给领主支内差。

政府庄园（雄溪）的经营管理权归噶厦政府的仔康（人事审计处），其中较大的由孜恰列空（布达拉财库）、拉恰列空（财政局）派官员管理。寺院直接占有的曲溪及相当数量零散地由寺院专设的管理机构管理，一般庄园派精干的喇嘛经营，边远地区的小庄园及分散土地租给大差巴经营，定期定额向寺院交纳租税。

贵族庄园（格溪）及临时占有的薪俸地通常由代理人经营，领主对代理人通常是每年发一定数量的粮食作为薪金。有些贵族则将庄园连同一定数量的农奴租给大差巴，并收取定额地租[①]。据1959年6月的统计，按照西藏传统的计量方法，民主改革前全西藏共有耕地约330万克（15克约合一公顷），其中地方政府（官家）有1283700克，占有率近39%；寺院与上层僧侣有1214400克，占有率近37%；贵族有79万克，占有率24%；自耕农仅有9900克[②]。到20世纪中叶，政府直接控制的草场比例增大，寺院和大活佛拉让所占草场数量次之，贵族领主只占有少部分。

农奴和奴隶占西藏人口的95%，他们世代属于三大领主，没有人身自由，依附在领主庄园的土地上。农奴和奴隶又分为差巴、堆穷和朗生等三个主要阶层。前两者属于农奴，后者则是奴隶。差巴，即种差地的农奴。他们从领主那里领种一份土地，人身依附在差地上，为农奴主所占有，每年还要给农奴主支差，即负担各种劳役，无偿地给农奴主经营自营地，以及其他各种无偿的负担（包括实物与货币）。农奴对分地只有使用权，没有所有权，不能出卖。差巴一般占农奴的60%～70%；堆穷，意为“小户”，是社会地位比差巴更低、生活比差巴更苦的农奴。他们有的从领主那里领有少量的租地，无偿地给领主的自营地支应劳役，一般租地的收成仅能维持最低的生活。有的则从事手工业或只靠出卖劳动力谋生，每年向领主交人役税。堆穷一般占农奴的30%～40%。朗生，没有任何生活资料，没有丝毫人身权利，他们受农奴主的绝对支配，完全无偿地给农奴主干活，待遇只能维持生活而已。农奴主可以把他们当作私有财产一样赠送、转让、抵

---

① 旦增遵珠：《西藏社会保障制度的社会基础框架研究》西南财经大学2005年，第66页

② 李德洙：《西藏知识简明读本》，华文出版社2003年版，第39页

押或出卖。朗生的子女皆为朗生，世世代代为奴，一般认为朗生是西藏历史上存在的奴隶制的残余。

在旧西藏时期，三大领主不仅占有农奴本身，而且对农奴具有生杀予夺、随意买卖或当作礼品相互赠送的权力，对于触犯了农奴主意志的农奴和奴隶施以剜眼、割鼻、割耳、砍手、剁脚、抽筋等十分残酷的刑罚，使旧西藏成为世界上侵犯人权最严重的地区。

民主解放后，西藏进行了民主改革，彻底废除了农奴、奴隶与农奴主的人身依附关系，废除了封建制度与特权，废除了支差和债务。但藏族人们对宗教还是保持着深度的依赖和执着。在藏区的寺庙、佛塔，随处可见的是转经、朝佛的人们。访谈发现，萨嘎达瓦节、燃灯节等宗教节日期间，人们都会前往拉萨庆祝节日。农闲季节，林牧区的人们也会前往拉萨朝佛，在布达拉宫、大昭寺等无限虔诚地表达他们对神灵的崇敬。在藏区，大多数家庭都设有供物，通过日常性的供奉仪式表达自己的宗教情感。林牧区的居民从一出生就被教以藏族这个群体的规范，并被整合在这个生命之中，虽然在最初，藏区的孩子由父母带领着进入寺庙时，只是单纯地模仿长辈的行为。但就在模仿的过程中，他们潜移默化地了解和学习着宗教道德、宗教规范和宗教伦理，并以此规范自己的行为，对于不流动的林牧区成员而言，他们个体的社会化在很大程度上就等于是宗教的内在化。

调研与访谈发现，虽然藏族有些家庭在子女初中时就把子女送到内地的学校学习，但他们本身宗教内在化的特点，使得他们即使在大学期间，来到上海等沿海城市和其他省市同学一起进行大学的学习，他们在与其他同学相处过程中，还是会保留一定藏族特色的思想，例如不能让同学们碰到肩膀等。而这种宗教意识内在化的特点在一定程度上使得藏族居民的宗教情感的获得和延续形同于一般生活习惯的获得和延续，具有很强的“宗教惯性”，很少会思考自己何时开始对这种信仰深信不疑，甚至对宗教的信赖程度比自我意识要高很多。

调研与访谈还发现，藏族佛教文化不容置疑的是中国的文化史上的璀璨瑰宝，但藏区宗教意识全民化、内在化，以及旧西藏的长期以来的农奴体制等都使得林牧区老年人在养老及其模式的建设中具有一定的“习得性无助”：自我意识弱，能动性较低。

4.3.3 经济扩散：输血多于造血的机制

史蒂文·瓦戈在《社会变迁》中指出，扩散是新生事物从一种文化传播到另一种文化，或从某一个亚文化群体传播到更大的文化群体的过程。虽然在“涵化”的各个层面上都有扩散现象，但从总体上看，扩散只涉及文化属性的一个或某些方面，而涵化提供给人们的更多是与他们本身的文化、传统习俗、信仰所不同的文化观念。涵化是由于文化间长期的直接接触，使得一种文化间有另一种文化物质和非物质的属性。这里所说的经济扩散，是特指只注重经济实效的传统援藏政策的单一输血机制，它缺乏全方位的“涵化”和造血模式的构建。

1951 年西藏和平解放后，我国中央政府在西藏投入了大量的人力、物力和财力，以促进西藏社会经济的发展。据不完全统计，1952－1998 年，国家在西藏的各项资金投入累计 500 多亿元。这些资金主要用于事业经费和教育、农牧业发展等。此外，国家还巨额投资，在西藏各地兴建了水电站、公路、机场、邮政通信等基础设施建设项目。

中央政府在西藏援建的这些经济建设项目，对西藏经济、社会的发展起到了直接的推动作用。援建项目一方面成为西藏经济建设的一个有机组成部分，在提高生产力水平、提高当地民众的生活水平、增加就业机会和收入等方面发挥着重要的作用；另一方面，在提高西藏社会总体发展水平、培养管理和技术人才、改善民族关系等方面产生了良好的社会效益；同时，西藏的民众对这些援建项目的认知，以及对项目的评价也是援建项目社会效益的重要体现。

近二十年来，在中央和对口支持省份的大力支持下，西藏一直都较好地实现着“保增长、保民生、保稳定”的目标（2008 年，由于受客观因素影响，国民生产总值出现一定幅度的下降）。2010 年《西藏自治区国民经济和社会发展统计公报》显示，2010 年，西藏全区生产总值（GDP）507.46 亿元，按可比价格算，比上年增长 12.3%；人均地区生产总值 17319 元，增长 11.2%（如图 4.2、图 4.3 所示）。

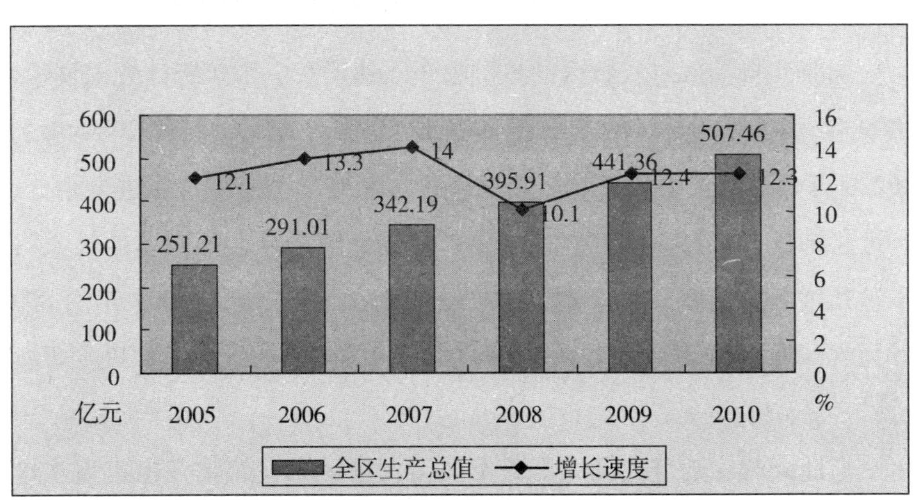

资料来源：西藏统计局：2010 年西藏自治区国民经济和社会发展统计公报

图 4.2　全区生产总值及增长速度

Fig. 4.2　the GDP and its growth rate in Tibet

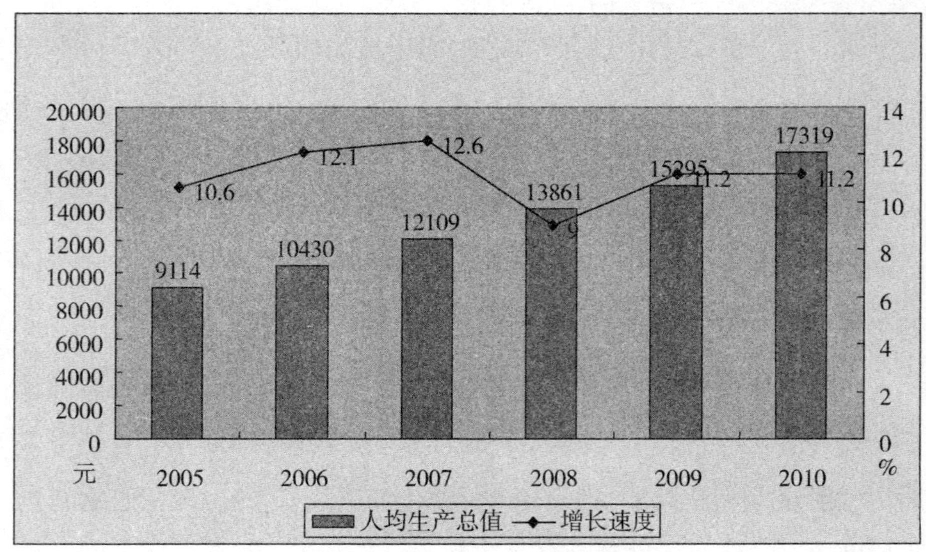

资料来源：西藏统计局：2010 年西藏自治区国民经济和社会发展统计公报

图 4.3　全区人均生产总值及增长速度

Fig. 4.3　the per capita GDP and its growth rate in Tibet

同时，自治区对农牧区的投资也正飞速增长，历年统计数据显示，2009 年，西藏自治区的农村投资达到 507536 万元，同比 2004 年的 36220 万元，增长了 93%，若将这些投资额按国民经济行业进行划分，则近年来，西藏自治区对农村卫生、社会保障和社会福利业的投入有了迅猛增长，投资额由 2007 年的 135 万元，增长到了 2009 年的 809 万元（2008 年投资额部分转移到了其他国民经济行业）（如表 4.5 所示）。

与此同时，随着社会的不断发展，农牧民家庭的收入也正逐步增加，2010 年西藏统计年鉴显示，2009 年西藏农村居民家庭平均每人纯收入达到 3532 元（表 4.6 所示），林芝地区 2009 年农牧民人均纯收入 4562 元（表 4.3 所示）。可以说林芝地区农牧民养老保障制度的改进已具备一定的经济基础。

表 4.3　各地区农牧民人均纯收入

Table 4.3　the per capita income of farming herdsman in Tibet

	拉萨市	昌都地区	山南地区	日喀则地区	那曲地区	阿里地区	林芝地区
绝对数（元）							
2000	1427	1258	1298	1195	1335	1169	1656
2001	1559	1358	1340	1336	1417	1279	1807
2002	1714	1441	1461	1467	1531	1374	1934
2003	1896	1532	1612	1541	1679	1464	2112
2004	2179	1679	1892	1739	1935	1620	2392
2005	2402	1844	2159	1896	2123	1801	2723
2007	3250	2490	2893	2534	2843	2390	3596
2008	3732	2830	3305	2881	3219	2695	4095
2009	4149	3144	3676	3202	3577	2987	4562
增长速度（%）							
2001	9.3	7.9	3.2	11.8	6.1	9.4	9.1
2002	9.9	6.1	9	9.8	8	7.4	7
2003	10.6	6.3	10.3	5	9.7	6.6	9.2
2004	14.9	9.6	17.4	12.8	15.2	10.7	13.3
2005	9.3	9.8	14.1	9	9.7	11.2	13.8
2007	15.05	14.48	14.4	14.36	14.2	13.6	14.21
2008	14.8	13.7	14.2	13.7	13.2	12.8	13.9
2009	11.2	11.1	11.2	11.2	11.1	10.9	11.4

数据来源：西藏历年《西藏统计年鉴》（西藏自治区统计局编，中国统计出版社）

表 4.4 林芝地区农牧民人均纯收入（单位：元）

Table 4.4 the per capita income of farming herdsman in Nyingchi

		2005	2006	2007	2008	2009
人均纯收入		2723	3149	3596	4095	4562
	工资性收入	219	236	310	331	378
	家庭经营收入	2231	2506	2647	3044	3350
	转移性和财产性收入	273	407	639	720	835

数据来源：西藏历年《西藏统计年鉴》（西藏自治区统计局编，中国统计出版社）

表 4.5 西藏自治区农村投资

Table 4.5 the rural investment in Tibet

	2004	2005	2006	2007	2008	2009
投资总额（万元）	36220	60323	305102	395351	384770	507536
卫生、社会保障和社会福利业（万元）	11			135	60	809

数据来源：西藏历年《西藏统计年鉴》（西藏自治区统计局编，中国统计出版社）

表 4.6 农村居民家庭平均每人纯收入（单位：元）

Table 4.4 the per capita income in rural family（yuan）

	1990	1995	2000	2005	2007	2008	2009
纯收入	447.07	1200.31	1331	2078	2788	3176	3532
基本收入	417.12	1101.35	1220.87	1816	2348	2677	2945
工资性收入	1.03	79.17	231.82	549	611	701	753
集体组织劳动报酬	1.03	…	107.36	78	97	117	84
企业劳动报酬	…	…	22.06	16	45	50	33
其他单位劳动报酬	…	79.17	102.4	455	470	534	636

续表

	1990	1995	2000	2005	2007	2008	2009
家庭经营收入	416.09	1022.18	989.05	1267	1735	1976	2193
转移性和财产性收入	29.95	98.96	110.13	262	442	499	586

数据来源：西藏2010年《西藏统计年鉴》（西藏自治区统计局编，中国统计出版社）

从为经济发展进行“输血”的角度来讲，重点省、直辖市、部门和企业的全面援藏为西藏的经济发展做出了重大贡献和巨大成绩，但从为社会全面发展进行“造血”的角度来看，全面援藏政策对人力资本、教育事业等的社会投资依然相对不足。调研与访谈发现，援藏措施中，可持续发展措施的不足，例如，在沼气池的建设上，国家补贴为林牧区居民安装了沼气设备，但是缺乏相应的技术支持和教育培训。一旦这些沼气设备投入使用，缺乏后续的维护等服务支撑，很多家庭的沼气设备在坏了之后就搁置不用了。只有少数经济特别困难的家庭，由于更加依赖沼气设备提供的能源，往往会自主对其进行一定维护。另外，就20世纪90年代末的养老保险试点工作而言，很多家庭都提到，试点工作没有延续性，进而影响到政府养老事业管理的公信力。虽然这些都是在日常生活中反映的林牧区家庭琐事，但从侧面可以清晰地看到，在各项援藏的政策中，还是较多地停留在“输血”的层面，人们往往更强调经济上的支持，在一定程度上忽视了林牧区居民的人力资源投资以及后续的可持续发展。正所谓“输血”容易，“造血”难，助推经济发展还只是可持续发展的第一步。

4.4 林芝农村养老保险试点停滞及其代价

西藏老年人口中，大部分老年人集中于农村。就林芝地区而言，2000年普查中，60岁以上老人，镇的老年抚养比为4.26%，乡村的老年抚养比为13.32%；65岁以上老人，镇的老年抚养比为2.58%，乡村的老年抚养比为8.46%[①]。随着生育率的逐渐降低，西藏农牧区将迎来老龄化高峰。有关研究表明，总和生育率降到更低水平即2.0以下时，称为低生育率；当总和生育率进一步下降到1.5以下时，称为很低生育率；总和生育率降到1.3以下时，称为最低或极低生育率(陈卫，2008)[②]。《2009年中国人口和计划生育年鉴》显示，西藏地区虽然总和生育率高于全国平均水平，2006年年末，妇女总和生育率保持在3.0，但随着经济条件不断改善，社会事业持续发展，西藏总和生育率也开始下降，人口正逐步向低出生，低死亡，低增长的模式转变，老龄化趋势日益明显且有加速发展的趋势。我们必须利用好这段时期以来的西藏农村养老保障"预警期"，建立好西藏农牧区老年人养老模式及其基础保障制度。

与此同时，根据经济条件变化，通过养老分层的分析，在调研和访谈中了解到，虽然分属于不同经济层，人们对养老的需求有所不同，但从养老保障基本三方面——"养什么""谁来养""怎么养"而论，

---

① 西藏自治区人口普查办公室编：《西藏自治区2000年人口普查资料》，中国统计局出版社，第1172页，第1178页

② 《中国人口和计划生育年鉴》，中国人口和计划生育年鉴社2009年版

林牧区农牧民的养老状况在西藏传统文化的熏陶和本身历史条件的演变中，呈现出一定的规律性。

就内容而言，“养什么”是指老年人的养老资源，主要包括经济供养、生活照料和精神慰藉。林芝地区农牧民养老保障以保障基本生存条件为主，发展性高层次保障较少。具体而言，调研中，从日常物质生活消费和日常精神生活消费状况分析，林牧区农牧民对日常物质生活消费，包括衣食住行、储蓄等，较多地倾向于满足个人的基本生活需求，而对日常精神生活消费，主要是家庭成员闲暇生活等一般较少有所体现。

就养老方式而言，“谁来养”可分为自我养老、家庭养老和社会养老等。自我养老指主要靠年轻时的储蓄为自己年老时提供生活资源；家庭养老指主要依靠子女、老伴或亲属提供养老资源；社会养老指主要靠养老社会保障维持生活。林芝地区农牧民养老方式以传统家庭养老为主，社会补充（五保、低保、社会救助）养老为辅。现代社会与传统社会相比，国家对家庭的影响力是大大地增强了，农牧民在建房时，国家提供相应资金支持，农牧民在种植等社会生活各个方面，国家都提供各种支持，但在养老中，家庭在西藏的养老保障中依旧占据着相当重要的地位，国家对养老的支持较多的是从社会救助的视角，对家庭提供的养老保障进行适当补充。

就养老资源的来源而言，“怎么养”即老年人如何以及在哪里享用这些资源，可分为居家养老和集中养老。居家养老是指老年人的居住、饮食和照料主要在家庭中进行。集中养老是指老年人的居住、饮食和照料主要在敬老院等社会养老服务机构中进行。林芝地区农牧民的养老以居家的分散养老为主，集中供养形式较少。其中一方面是由于西藏地区的机构养老设施较为缺失，但根本原因是西藏地区人们的家庭养老意识根深蒂固，入住养老院或者福利机构的往往是孤残儿童与老年人。

林牧区老年人堪忧的养老现状是历史和传统共同作用的结果，但其表现形式与内地传统农村却有着共同之处，现行的养老模式及其保障仍然根植于传统自然经济基础之上，回顾传统农村养老发展历程，经济发展程度与农民参加养老保险的意愿成正相关。调研的三个县经济条件的差异，也明确显示出养老保障水平梯次性的差异。伴随着经济发展和人们收入水平的提升，三个县农牧民对重启养老保险的需求与日俱增，对政府支持下的养老条件改善的要求也在不断增长。

以调研中的五保户养老情况为例，尽管国务院于2006年3月开始正式实施新修订的《农村五保供养工作条例》，实现了五保供养从农民集体内部的互助共济体制，向国家财政供养为主的现代社会保障体制的历史性转变。但调研和访谈发现，林牧区五保户养老工作目前覆盖面窄，不少符合条件的五保户尚未纳入五保供养的范围内。同时集中供养人数少，供养服务机构建设不能满足需求。大部分乡镇尚未建立敬老院，个别县的敬老院年久失修，条件较差，管理服务水平低，很难满足五保供养对象的需求。而分散供养存在住房条件差、就医难等问题。分散供养五保户的住房，大多年久失修，漏风漏雨，个别住房甚至是危房。由于林牧区交通条件滞后，更增加了就医的难度。

从福利多元主义的视角看，政府不是社会福利的唯一供给者，但从西藏地区的历史与传统出发，当前在西藏社会福利的提供中，特别是养老保障的提供中，除了家庭，政府就是唯一的提供者，营利组织、非营利组织等还未参与到西藏社会福利的供给体系中。科学合理的制度建立在供给和现实需要相平衡的基础上，政府对林芝地区养老保障的供给采用的是互助共济与社会救济相结合的模式，社会转型中，风险的增加，使传统家庭养老受到一定挑战。

与我国其他地区类似，林芝地区在 20 世纪 90 年代末，也曾开展农村养老事业的相关工作，即进行了农村养老保险试点工作。农村养老保险制度的建立原本对缓解农村老龄化的压力、安定广大农牧民的生活、提高农牧民老年人的经济安全以及对促进林牧区社会稳定和经济发展都有重要的意义。但政策的顶层设计不足，保险费收缴标准过低以及管理等方面的疏忽等问题，直接导致了养老保险试点工作的停滞，也给林芝林牧区重启养老保险制度带来了一定程度的心理障碍。同时，加上地理环境限制，区域经济发展滞后，农牧民增收相对缓慢，国家财政投放有限，西藏地区人均预期寿命居全国末位等也都给养老保险工作的推进增加了难度。

鉴于藏区文化不偏重个人积累，个人较少考虑自己养老，老年人晚年生活娱乐较为单调，社会补充保障形式单一，保障覆盖面偏窄，机构养老（福利院）有限，承载力薄弱等问题，藏区养老模式及其基础保障的供给与该地区经济社会发展存在一定的不协调性，西藏林芝地区养老模式的重构存在现实的瓶颈。

概括来讲，林芝地区农牧民养老方式以传统家庭养老为主，社会补充（五保、低保、社会救助）养老为辅。林芝地区农牧民养老形式以分散养老为主，集中供养形式较少。林芝地区农牧民养老保障以保障基本生存条件为主，发展性高层次保障较少。三个县因经济条件的差异，养老保障水平呈现梯次水平。社会转型期，传统家庭养老必然受到挑战，供养不足是必然的。国家财政虽然大力投入，但区域经济发展滞后，农牧民增收缓慢，提高降低低保基线（将低保线由1600元调整到800元），在一定程度上忽视了部分需要保障的其他人群（即原先801元到1600元贫困水平的人群）。老年人晚年生活娱乐较为单调，没体现老有所为，老有所乐。机构养老（福利院）有限，承载力薄弱。受地理环境限制，乡村现有医疗条件落后。20世纪90年代末养老保险试点工作的停滞，也给林芝地区未来养老保险制度的推行带来不少障碍。西藏地区人均预期寿命居全国末位，为养老保险的推行带来一定难度。

本章不仅从普适性的角度，分析了老龄化背景下林牧区养老需求的不断膨胀，家庭代际反哺的式微；同时也从林牧区的独特视角，阐释了林牧区养老所面临的传统思想桎梏；而养老保险试点工作的停滞则无疑给林牧区供需失衡的养老现状雪上加霜。

第5章　上游干预：林牧区养老模式的框架设计

剖析了林牧区养老的现实瓶颈后，本章结合发展型社会政策框架，从上游干预的视角，借鉴相关农牧区养老工作的经验，分析了林牧区养老工作的特征，林牧区农牧民面临的风险状况和养老保险的适度水平，在此基础上，提出林牧区养老模式及其保障制度的具体设计框架。

5.1　林牧区养老模式的经验分析

社会发展的理念始于20世纪60年代，近20年后进入社会政策领域。20世纪80年代生产型社会政策风光一时，吉登斯，梅志里(J. Midgley)等从“第三条道路”思想出发提出“发展型社会政策”主张，特别是在1997年亚洲金融危机后成为发展中国家社会福利政策研究中的新热点。发展型社会福利政策将社会政策融入经济发展之中，倡导社会福利供给的准市场模式和福利传递的多元主义；再将经济政策融入社会政策之中，提倡“可持续生计”与“资产建设”，实现二者的有机统一与完美结合。因而，发展型社会福利政策就是从中长期发展战略和社会投资的角度出发，以政府、社会和个人共同参与的形式，采用改善家庭环境、提高个人人力和社会资本、促进充分就业、提供工作支持等“上游干预”措施手段，实现社会公平正义和经济社会协调发展的社会福利政策新模式①。

传统社会政策往往头痛医头、脚痛医脚，忙于补救，应付眼前。发展型社会政策模式采取上游干预（事先主义）与事后补救（事后主义）相结合的方式，以更积极、主动和全面的方式规划和实施其社会政策。发展型社会政策模式采用事先主义干预策略在本质上体现了一种政策理念的进步，是一种积极的表现。积极的上游干预理念在发展型社会政策的具体主张中得到体现，如着眼于社会发展思路的消除贫困战略。主张对于社会问题进行上游干预，采取事先预防的措施以减低解决社会问题的成本。即不只是在已经陷入贫困时才对人们进行帮助，而是力求事先帮他们免于贫困②。这种战略有别于寄希望于经济发展后贫困自然会得到解决的现代化方法。发展型社会政策“超越了从扶贫济困甚至社会保护来看待社会政策的传统思路，着力探讨社会政策的发展功能，亦即社会政策如何能够为改善民众的可持续生计做出积极的贡献，从而直接推动社会经济的协调发展”。再如“为生活而学习”“为社会发展而进行教育”的政策主张。发展型社会政策认

---

① 周晓焱，张建华：《包容性增长视角下的中国发展型社会福利政策论析》，《西北农林科技大学学报（社会科学版）》，2011 年第 11 卷第 6 期：第 113 – 118 页

② 王思斌：《走向发展型社会政策与社会组织建设》，《社会学研究》，2007 年第 2 期：第 187 – 189 页

为正规教育是一种人力资源的投资，是培养白领的教育，这种投资得到了舒尔茨人力资源理论的支持，从而被披上了一件科学的外衣，而更为重要的社会和政治力量驱动教育发展的事实却被掩饰了。发展型社会政策认为基础教育（包括初级教育和职业教育等）更值得投资，因为它是为生活和为社会发展而进行的教育，投资基础教育是为社会成员获得发展能力的重要前期干预措施。此外发展型社会政策的积极干预理念还可以在其“生产型”的社会工作和社会服务模式以及从发展视角制定社会保障政策的主张中得到显现①。政策的制定和实施做到了“上游干预”，才能有利于生产力的提高，才能促进经济社会的发展。

5.1.1　现有农牧区养老模式镜鉴

（1）内蒙古农牧区

内蒙古自治区位于中国北部边疆，截至 2009 年，实有耕地总面积 714.9 万公顷，草原总面积 8666.7 万公顷，其中可利用面积 6818 万公顷，拥有 5 片国家级重点牧草地草原。

在养老模式及其保障政策上，内蒙古的城镇居民（主要是城镇职工）的基本养老保险制度相对完善，但广大农村牧区养老一直遵循以家庭为基础和主体，辅之以集体供养、群众互助和国家救济的原则。1986 年，民政部在农村部分富裕地区开始了社会养老保险的试点工作后，于 1992 年制定了《县级农村社会养老基本方案》，并要求在全国

---

① 陈晓强：《发展型社会政策与我国的社会政策构建》，《长白学刊》，2008 年第 1 期：第 100－104 页

实施。至此，内蒙古自治区农村牧区社会养老保险工作从1992年开始试点，1996年全面推开，除乌海市当时没有农业人员，乌兰察布市因农村贫困人口比例较大没有开展外，其他10个盟市、63个旗、977个乡镇、7919个嘎查村共近100万农村牧区居民参加了养老保险，约占农村牧区人口的7.1%，积累基金1.16亿元。2000年，国务院有关意见停办农村牧区社会养老保险工作后，内蒙古自治区农牧民养老保障制度也处于停滞阶段。截至2005年年底，全区参加“农村牧区社会养老保险”计划的农牧民人数下降为80万人（其中有近1万人领取养老金，有近20万人退保），如果加上国家供养的“五保”老年人，总数约有85万人（不到农牧业人口的7%），90%以上农村牧区人口的老年保障几乎全部依靠家庭保障①。

近年来，由于经济的发展和农村家庭养老保障功能的弱化，内蒙古各地区在经济发展水平允许的条件下探索建立了一系列养老保险制度，较为典型的有：2005年下半年呼和浩特市的失地农民养老保险制度；1992年克什克腾旗为切实解决“独生子女户、双女户”老有所养、老有所依这一实际问题而制定的“绿色养老”保险制度；2007年7月西乌旗在锡林郭勒盟率先探索建立的锡林郭勒盟牧民养老保险制度。

（2）新疆呼图壁县

新疆呼图壁县于1995年10月启动农村社会养老保险（以下简称“农保”）工作，到1997年，该县的参保人数与投保资金等已初步规模，并获得了全国农保工作先进单位。但到1997年年末，随着《国务

---

① 李香媛、张晓峰：《内蒙古农村牧区养老保障现状、问题和政策建议》，《北方经济》，2006年第11期：第20－23页

院批转整顿保险业工作小组〈保险业整顿与改革方案〉的通知》的发布，全国农保工作开始停滞不前。新疆呼图壁县的农保一方面是出现有些参保农村因春耕生产资金短缺而要求退保的状况，另一方面农保基金因为银行存款利率的不断下降，而出现较大的保值增值压力。鉴于此，从1998年7月开始，呼图壁县开始探索养老保险证质押贷款项目，该项目具体是指农保的参保对象，在生产、生活方面急需资金时，用自己或借用他人的《农村养老保险缴费证》作为质（抵）押物，依据一定的程序，到指定的银行办理委托贷款[①]。尽管试点工作最初以不公开方式谨慎进行，而且也因为县农保办与当地金融机构的关系尚未理顺，而导致期间被罚款、暂停业务的情况时有发生，工作并非一帆风顺，但该养老保险证质押贷款项目产生的效果却出乎意料。国家劳动与社会保障部农村社会保障司司长赵殿国、中国社会科学院政策研究中心张时飞博士、美国华盛顿大学教授迈克尔·史乐山博士都对新疆呼图壁县的这种模式给予了充分的肯定[②]。一是参保农民积极性高、受益面广。据了解，保险证质押借款不仅提高了农保基金抵御风险的能力，同时也缓解了参保农户生产生活中面临的诸多燃眉之急，如春耕生产缺乏资金，子女无钱上学，家庭成员无钱看病等（如表5.1所示），从而极大地激发了他们未来参保的积极性。二是基金保值增值效果好。据不完全统计显示，从1998年项目启动至2004年年底，用保险证质押借款的约1252户3756人，累积借款金额603.3万元，

---

① 中国农村养老保险证质押贷款研究课题组：《养老保险和农村金融双赢的制度安排——新疆呼图壁县养老保险证质押贷款研究》，《东岳论丛》，2008年第29卷第4期：第32－47页

② 胡于凝、王资峰：《养老保险证质押贷款项目：一种农村养老模式的理性选择》，《兰州学刊》，2009年第5期：第81－85页

占农民参保资金总量的47.89%。通过养老保险证质押贷款，呼图壁县1998年到2004年，基金运营收益达759.41万元（如表5.2所示）。同时，以保险证质押借款的农民的还款比例也一直保持在99%以上①。

表5.1 被保险人证质押借款的使用情况

Table 5.1 the use of the loan the insured asked for by using the card

借款用途	借款户数	质押保险证件数
1. 生产性借款		
购买牛羊	711	2133
春耕生产	481	1443
村修变压器	13	26
小本生意进货	11	33
购置运输工具	8	24
2. 生活型借款		
缴交学费	10	30
建房	8	24
看病	7	21
3. 其他	3	9
总计	1252	3756

资料来源：张时飞：《引入资产建设要素，破解农保工作困局——呼图壁县的经验与启示》，《江苏社会科学》，2005年第2期：第232-236页

① 张时飞：《引入资产建设要素，破解农保工作困局——呼图壁县的经验与启示》，《江苏社会科学》，2005年第2期：第232-236页

表 5.2　呼图壁县农保资金 1997—2004 年收益情况

Table 5.2　earning status of rural social pension insurance in Hutubi County, from 1997 to 2004

年份	本金（万元）	利息（万元）	收益率（%）
1997	874.90	105.40	12.40
1998	1287.90	167.90	13.00
1999	1455.20	110.60	7.60
2000	1565.80	103.90	6.63
2001	1669.70	89.86	5.33
2002	1759.56	141.20	8.02
2003	1900.80	116.80	6.14
2004	2017.56	146.00	7.24

资料来源：张时飞：《引入资产建设要素，破解农保工作困局——呼图壁县的经验与启示》，《江苏社会科学》，2005 年第 2 期：第 232－236 页

2007 年国家发改委指出："2006 年以来，在总结完善新疆呼图壁县经验的基础上，农村社会养老保险证质押贷款项目已经推广到四川、江西、内蒙古、安徽等地区，成为农村社会养老保险工作创新的重要取向。"

当然，在看到新疆呼图壁模式产生成效的同时，也有学者对某些推行的困境及其建议进行了一定阐述。张晓莉、孔令英（2009）认为，虽然呼图壁模式在拓宽农村养老保险资金保值增值渠道的同时，也创建了一个积累家庭资产和本地财富的新循环。但真正取得成功的推行，还存在着缺乏政策支持、需要金融部门协作、贷款主体的拓展存在管理风险以及存在不可持续运行的潜在风险①。

① 张晓莉、孔令英：《新型农村社会养老保险"呼图壁模式"的推行困境研究》，《农业经济》，2009 年第 4 期：第 60－61 页

（3）青海农牧区

截至2009年年底，青海省农牧区老年人约32.5万，占全省老年人口的59.3%。但由于青海农牧区普遍处于贫困状态，据青海省扶贫办公室提供的资料，青海2003年农村牧区贫困人口145.03万人，占全省农牧民总人口的37.5%[①]，因此，在2009年之前，现代的社会养老保障并没有得到发展，农牧民普遍实行的是家庭养老。

2009年7月，国家将青海省5个县确定为国家首批试点县，2009年11月，青海省首批新农保试点开始启动，2010年12月，青海省所辖46个县级行政区全部实现新农保制度全覆盖[②]。同时，另据《青海日报》报道，青海省财政已提前安排下达2.3亿元用于2011年全省基础养老金补助的需要，截至2011年8月，全省已有151万人参保缴费，平均参保率达到65%，部分县参保率在80%以上；已有33万多人享受基础养老金待遇[③]。

5.1.2 国内外养老模式经验分析

（1）政府主导

纵观中国农村养老保障变迁历史，无论是在传统农业社会，还是在现代工业社会，国家和政府一直起着重要的主导作用。历史上的“皇权神授”思想使芸芸众生只能仰仗国家和各级官吏的恩宠和施舍。

---

① 庞香萍：《青海省农村社会养老保险缴费能力分析》，《经济研究导刊》，2011年第7期：第94－96页

② 青海省提前10年实现新型农牧区社保制度全覆盖：http：//www.xinhuanet.com/chinanews/2011－03/22/content_22368724.htm

③ 青海省新型农牧区社会养老保险纳入国家试点范围：http：//www.gov.cn/gzdt/2011－08/21/content_1929479.htm

新中国成立后，农民的地位有了极大的提高，但农村的养老保障制度并没有从根本上改变实质上的传统养老保障模式，在这一过程中，由于国家采取了优先发展城市、优先发展重工业的社会经济发展战略，农业和农村一直处于从属地位，农村养老保障制度的变革也就维持了最基本的集体保障模式。1995 年的国家政策文件规定，政府对农村社会养老保险采取政策扶持，但养老金筹资完全来自个人缴费，部分条件较好的区县适当集体补助，区县和市两级政府没有投入。自 2003 年，各地开始重新探索新型农村养老后，刘苓玲（2009）通过分析中国农村养老保障制度的变迁过程认为，政府在农村养老保障制度中的作用将由“政策扶持”转向“政策支持”，历史的经验证明，没有政府的财政参与和资金支持，社会保障制度就很难实现可持续发展。因此，在农村养老保障制度面临重大转变时期，政府不仅仅是政策制定者，更是制度运行过程中的资金支持者，政府通过公共财政，为农村养老保障制度提供强有力的物质保障①。柴瑞娟、罗新铭认为，政府职能社会化已成为当代政府职能发挥的一个显著的趋势，这种从单一权力行政向公共服务行政的转变决定了提供公共产品和有效的公共服务是当今政府的职责所在，而稳定健全的社会秩序和一套合理的制度框架无疑是最为核心的公共物品。社会保障制度作为一种典型的公共物品，政府也就必然参与其构建和管理。尤其是当今农村社会保障现状亟须国家出面支撑，政府义不容辞②。石秀和等认为，政府在农村社会保障制度中的职责具体体现为：政策设计、组织引导、财政责任、

① 刘苓玲：《中国农村养老保障制度变迁、路径依赖与趋势》，《科学・经济・社会》，2009 年第 4 期：第 52 – 56 页

② 谢冰，李海鹏：《近十年国内农村养老保障研究内容及其文献综述》，《社会保障研究》，2009 年第 6 期：第 27 – 30

管理监上。

西方国家农村养老保障的发展历程表明，无论从公民权利、维护公平，还是从促进稳定的角度，政府在农村养老保障问题上都有着不可推卸的责任，正如温克勒（Winkler）研究欧盟国家农民养老金的财政状况时所言，没有一个社会保障机构能光依靠所缴费用来承担农民养老金的支出。政府必须在农民社会养老保障的制度设计和财政投入等方面采取更积极的态度和措施，在制度设计上，要通过制度的完善明确规定集体和国家对农民养老保险投入的最低限额，并落到实处；要适当调整财政支出结构，提高社保资金支出比例，加大对农村社保资金的投入。同时，中央财政、地方财政要明确各自责任和投资分配比例。

（2）强调家庭作用

长期以来，中国形成了一种家庭养老的“反馈模式”，即父母抚养子女，子女成年以后，又反过来赡养父母。清华大学公共管理学院杨燕绥等人的研究表明，农民参加养老保险的积极性主要不是取决于收入水平，而更多的受思想观念、宣传动员力度（知晓率）、政府资助强度等因素的制约。因此，我国在构建农村养老保障制度中，需密切结合我国实际，重视家庭的重要性，建立农民个人养老账户制度，纵向分散风险的养老保障制度，形成内源式生长、逐步向外扩展的中国特色农村养老保障制度模式①。

虽然西方各国在发展农村养老保障的过程中，较多的有家庭之外因素的介入，但在“4－2－1”家庭结构的形成、家庭结构的核心化、

① 杨复兴：《论中国农村养老保障模式创新的基本视角和内容》，《经济问题探索》，2006年第2期：第75－79

照顾老年人机会成本的上升、居住条件的改善等一系列条件影响下，一些学者发现现代化进程并未导致家庭功能的衰落[①]，西方各国在注重老年人社区照顾的同时，对家庭养老也很赞同，把家庭放在了相当重要的位置。

我国在发展社会养老保险的同时，不可忽视家庭养老的重要作用。我国在大力发展与改革社会养老保险的过程中，亟须弘扬孝道传统，以家庭养老作为我国养老保障的一大重要支柱，社会舆论部门要做好宣传与引导工作，财政部门要通过一定的补贴方式支持家庭养老保障，切实保障部分困难家庭在家庭养老保障中面临的困难，与此同时，政府部门也应通过立法与规制手段，强调与保护老年人的受赡养的权益，对侮辱虐待老年人，拒绝赡养、抚养老年人情节严重者，要依法追究其刑事责任，严惩不贷。

（3）多层次的农村养老保障体系

从历史的角度看，我国东、中、西部地区发展不平衡，在发展水平上，农业经济发展水平不高、传统农业占较大比重的地区，家庭养老和土地养老仍然是重要的养老方式；在农业经济发展水平较高、乡镇企业和社区经济较发达的地区，社区养老就相对发达；在农业经济发达，农民人均收入高的地区，社会养老保险推进较好。从区域经济发展水平来看，中西部地区仍然主要依靠家庭养老方式，其他的养老方式只有零星的发展，且运行起来举步维艰；东部地区较之中西部地区经济发达，城市化水平高，养老需求更加多元化，除了一般的家庭养老和土地保障外，其他的养老制度，如社区保障、农村低保制度和

① 杨菊华、李陆路：《代际互动与家庭凝聚力——东亚国家和地区比较研究》，《社会学研究》，2009 年第 3 期：第 26 – 53 页

社会养老保险制度都有一定的发展。因此，在发展新型农村养老的过程中，要密切结合我国东中西部地区农民养老需求的特点和各地区建立社会养老保险的经济条件，制定多层次的农村养老保障体系，满足不同地区、不同人群的需要。

（4）尊重农村养老保障建设的阶段性

就我国现状而言，虽然城市化是必然的趋势，但现阶段，城乡二元结构还未完全打破。刘洪波通过分析农村养老保障的需求，认为我国农村养老保障制度建设应分两步走：近期制度建设和中长期制度建设。在近期考虑到农民群体分化的现实，针对不同的群体采取不同的保障措施；中长期则追求城乡养老保障制度整合，将目前城镇的社会统筹部分养老金扩展到农村，使其成为全民共享的养老保障项目[①]。

（5）加强法制建设

法制系统是统率性的、规范性的、最高层次的系统，也是最基础的系统，它是社会保障制度运行的客观依据和行为准则，同时也是实现社会保障制度良性运行的保证[②]。

社会保障领域的“法制”，要求社会保障的重要环节都要符合法律要求，包括筹资给付、行政管理、基金运行，以及对象的权利与义务等，都要按法律规定和法律程序进行[③]。通过梳理国外养老保障制度，我们发现国外的农村养老保险首先建立法律制度，每一次农村养老保障的调整和改革都是在法律制度的框架下，相关职能部门按照法

---

① 刘洪波：《中国农村养老保障制度建设的阶段性》，《华中科技大学学报（社会科学版）》，2005 年第 1 期：第 72 – 75 页

② 郑功成：《社会保障学——理念、制度、实践与思辨》，商务印书馆 2000 年版：第 372 页

③ 郭士征：《社会保障研究》，上海财经大学出版社 2005 年版：第 35 页

律组织实施，使符合条件的农民都被覆盖到制度内。

我国在加强立法建设，制定农村养老保障各法律的同时，要进一步完善管理系统、实施系统、监督系统（如图 5.1 所示）。对违反农村社会养老法律，侵犯农民社会养老利益的行为进行严厉制裁。并进一步加强农村社会养老法律法规的宣传，提高人们对养老法律的认识。

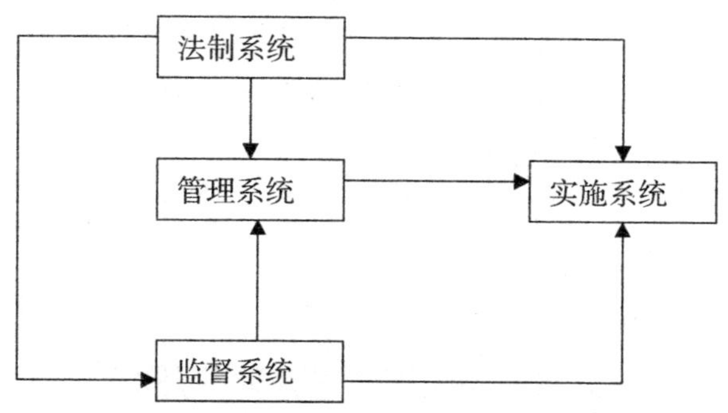

资料来源：郑功成：《社会保障学——理念、制度、实践与思辨》，商务印书馆 2000 年版：第 443 页

图 5.1　社会保障运行机制结构图

Fig. 5.1　Social security mechanism structure

（6）考虑地区特色，加强城乡统筹

在西方各国的养老保障建设中，即使国家均属发达的市场经济国家，但由于本国政治、经济、文化、社会、理论基础等的不同，国与国之间的养老政策存在较大差异，从属于不同保障模式。在制度建设过程中，我们要考虑不同群体、不同地区、不同时期、不同内容，在制度安排上要分层次进行：一是因地区而异。从农村实际出发，因地制宜、分类指导。在大部分地区，应坚持低标准起步，由点到面，逐步发展；在富裕地区，应尽快发展，扩大覆盖面。二是因群体而异。对于特殊群体，如独生子女的父母、军烈属、农村空巢家庭的老年人、

生活困难群体等应有一定的特殊优惠政策。三是因时间而异。不同时期要达到不同的目标，有不同的安排，逐渐由家庭养老走向社会养老。

在西方发达国家中，虽然农村社会养老保障从建立到发展经历一段漫长的时期，但最终西方国家的养老保障基本均成了包括农民的全民保障。我国作为发展中国家，城乡二元的经济社会结构决定了城乡二元的社会保障制度结构，在今后的发展中，城市化是一个必然的历史过程，因此，在发展农民的养老保障时，亟须考虑今后城乡统筹的目标。

（7）注重多元化

国外养老保障制度有责任主体多元化、运作模式市场化、政策法规完备化等特点，从而充分保证了养老保障的公平性。我国的养老保障体系在建立和完善过程中，可以适度借鉴国外的这些成功经验。明确从养老保障发展模式、规范管理、加强投资、积极建立多支柱保障模式、加强配套制度建设等各方面完善我国现在的养老保障体系。

5.2 林牧区养老的风险规避与模式匹配

5.2.1 林芝地区农牧民人口数与构成

西藏在发展过程中不断推进着城市化的进程，从历年西藏人口规模及其结构来看，进展缓慢；2009 年《西藏统计年鉴》显示（如表 5.3 所示），历年西藏自治区的乡村人口以及农业人口比重正逐步降低，但每年的降速较低。到 2008 年止，西藏自治区乡村人口比重仍占总人口的 61.3%，全区农业人口比重占总人口比重高达 82.7%，农牧民占西藏自治区人口的大多数。

表 5.3　西藏自治区人口数及构成（单位：万人）

Table 5.3　the population and its composition in Tibet

年份	总人口	农业人口		非农业人口		市镇人口		乡村人口	
		人口数	比重（%）	人口数	比重（%）	人口数	比重（%）	人口数	比重（%）
1959	122.8	113.22	92.2	9.58	7.8				
1978	178.82	152.90	85.5	25.92	14.5	20.22	11.3	158.54	88.7
1990	218.05	188.22	86.3	29.83	13.7	35.68	16.4	187.37	83.6
2000	251.23	215.94	86.0	35.29	14.0	79.51	31.6	171.72	68.4
2001	253.7	217.44	85.7	36.26	14.3	81.30	32.0	172.40	68.0
2002	255.44	218.45	85.5	36.99	14.5	83.67	32.8	171.77	67.3
2003	259.21	219.78	84.8	39.43	15.2	98.43	38.0	160.78	62.0
2004	263.44	223.37	84.8	40.07	15.2	100.04	38.0	163.42	62.0
2005	267.55	224.12	83.9	43.13	16.1	100.78	38.0	166.77	62.0
2006	268.58	224.57	83.6	44.01	16.4	100.82	37.5	167.76	62.5
2007	273.59	227.67	83.2	45.92	16.8	104.75	38.3	168.84	61.7
2008	279.23	231.02	82.7	48.21	17.3	108.15	38.7	171.08	61.3

数据来源：西藏 2009 年《西藏统计年鉴》（西藏自治区统计局编，中国统计出版社）

与此同时，据林芝地区第五次人口普查数据显示，在西藏的人口中，农村老年人所占比重要大于市镇老年人比重。2000 年，就西藏全区而言，在市镇中，60 岁以上老年人占所在市镇的 4.94% 与 5.32%，65 岁以上老年人占所在市镇的 2.89% 与 3.27%；在乡村中，60 岁以上老年人占所在乡村的8%，65岁以上老年人占所在乡村的5.15%。在林芝地区，在镇范围内，60岁以上老年人占3.21%，65岁以上老年人占1.97%；在乡村范围内，60岁以上老年人占8.04%，65岁以上老年人占5.34%，农牧民的养老成了亟须关注的问题。

5.2.2 农牧民风险构成因素

随着社会的转型，农牧民面对的风险将不仅仅是自然风险，更是市场风险。个人风险的来源有二：一是家庭内部，如个人或家庭成员因生老病死等导致的生存困境；二是家庭外部，主要是自然灾害、战争以及其他意外灾祸等。民主改革后，西藏农牧民主要面对的是个人、家庭生老病死的生存困境以及自然灾害导致的社会风险。西藏林芝地区的自然灾害主要包括气象灾害和地质灾害。气象灾害包括洪涝、干旱、霜冻、冰雹、雪灾、森林火灾等。其中洪涝灾害是林芝地区危害最严重的自然灾害，发生频率高。林芝地区雨季的降水量集中，5~9月份的降雨量占全年总雨量的80%以上，而且降雨的变率大。在20世纪60年代，林芝县就出现两次洪涝，70年代，波密、察隅几乎每2~3年一遇洪涝。80年代以来，很多年成为林芝地区典型的洪涝年。1998年7月下旬到9月初，林芝县累计降雨量603.4毫米，林芝地区中西部普遍出现罕见特大洪涝灾害，并引起山洪、泥石流暴发。村社、农田、机关、公路等多处被冲毁。林芝地区的干旱灾害从时间上可分为初夏干旱和盛夏干旱。初夏干旱对作物前期生长有很大影响，盛夏干旱则会造成作物严重减产。20世纪50年代出现一次大旱年，60年代出现两次，70年代出现了三次，80年代出现二次，2009年再次出现大旱年。就地质灾害而言，林芝地区属于高山峡谷区，地质环境相对脆弱，地质灾害点多、分布面积广泛，突发性状况突出，危害性重大，是西藏自治区地质灾害的主要易发区和多发区之一。有关资料显示，林芝地区的地质灾害分布受到地形地貌、地层岩性、地质构造、气象水文、植被和人类活动等诸多因素的控制。其中，地质灾害的活动周期与地震、太阳黑子及降水等活动周期略同，大约 50 年就会出现一个强烈的活跃期，每年的 6 ~ 10 月份是年内地质灾害的多发期。具体而言，林芝地区的主要地质灾害为地震以及滑坡、泥石流等①。与此同时，在传统的计划经济向市场经济的转型过程中，农业社会存在的自然灾害等风险依然存在，甚至有些自然灾害有加剧的趋势。与此同时，现代生活的生产、生活方式，使得以往的个人风险更易转变成社会风险。农牧民在享受改革开放卓越成果的同时，要面对国际农产品的竞争和国外市场对本地区食品的冲击，如果遇到经济衰退期或变革，则农民也要面对通货膨胀等风险。

5.2.3　农牧民养老保险的适度水平分析

从经济学上看，工资和社会保障是具有刚性的。穆怀中依据分配结构、人均 GDP 增长、老年人口比重等对社会保障支出水平与经济发展进行分析后，认为社会保障水平的发展是一个曲线轨迹，先是上升较快，达到一定高度后增长速度开始放缓，并在一段时间后，逐渐回落并接近适度水平。

从宏观角度讲，养老保险水平是指一定时期内一国或地区社会成

① 林芝地区地方志编纂委员会：《林芝地区志》，中国藏学出版社 2006 版，第 130 页

员享受养老保障待遇的高低程度；衡量标准之一是养老金支出的总额占国内生产总值（GDP）的比重，其二是养老金支出应该和国家生产力发展水平相适应，也就是说，它必须均衡好老年人基本经济生活需要和国民经济健康发展之间的关系。这一宏观指标对养老保险制度运行状况的宏观判断具有重要意义，但却无法考察个人在客观上需要的适度养老金数额和适度水平。

因此必须引入微观角度分析养老保险适度水平的机制。就林牧区农牧民养老保险而言，考察的目标必须具体到每一位农牧民。考察的内容主要包括林牧区的物价指数，农牧民家庭的恩格尔系数、可支配收入及支出结构下的适度养老保险水平。这一适度水平是一个合理化的区间，包含了下限和上限。下限界定的标准是满足林牧区老年人的基本生存需要，即最低限度的食品等的支出。上限的界定标准是达到同期林牧区农牧民生活消费支出的60%。60%这一标准是国际上公认的养老金给付水平标准，老年人的消费结构与年轻时期相比，消费更集中在食品、医疗等领域；当期农牧民生活消费支出的60%基本可以保障老年人的正常生活。我们知道，微观层面的养老保险适度水平与养老金替代率有紧密关系。替代率可以简单理解为领取的养老金与当前社会平均收入的比值。养老保险的适度水平一定与合意的养老金数额和社会平均可支配收入相对应。这里所说的合意养老金数额，是指根据当期社会平均可支配收入进行测算，得出的应该领取的养老金数额。

首先，基于修正恩格尔系数确定林牧区养老保险适度水平的下限。农牧民养老保险适度水平的下限是必须满足日常林牧区老年人的最低限度的食品和服务需求。我们通过林牧区家庭的恩格尔系数测算而得。恩格尔系数考察的主要是食物的支出占生活消费支出的比重。

对林牧区老年人而言，他们的生活消费支出与农牧民平均水平相比有很大不同，老年人的生活消费种类比起农牧民的平均水平也要少很多，他们的消费结构更加简单。可以针对这一问题进行恩格尔系数的修正。林牧区老年人的需求可以大致分为两部分，一是基本食品需求，二是非食品的基本生活需求。基本食品需求可以通过林牧区老年人摄入热量的平均水平及相关食品结构、价格水平等得到食品消费支出的总额。非食品的基本生活需求则包括了林牧区老年人生活必需的衣着、交通等费用支出，但不包括基本医疗服务支出。由于我们测算的是林牧区老年人的最低养老保险水平，因此参考林牧区农牧民最低收入水平户的非食品性基本生活需求，并以此为标准作为农村老年人必须得到的基本生活服务水平的最低限度。需要测定几项基本数据，包括林牧区老年人最低营养需求，林牧区老年人每日所需最低能量，再用这两项需求量乘以相应的价格水平，就得到了林牧区老年人最低的食品支出水平。在此基础上，进一步结合林牧区物价指数变动来确定动态适度水平的下限。影响林牧区养老保险适度水平变动的主要因素包括逐渐下降的恩格尔系数和不断上升的物价指数。

其次，基于扩展性线性支出修正模型，确定林牧区养老保险适度水平的上限。利用扩展性线性支出模型（ELES 模型），通过老年人生活消费水平来测度农村养老保险的适度水平。把农牧民的消费支出分成必要支出和非必要支出。必要支出与收入水平无关。非必要支出与收入水平成一定比例关系。具体而言，ELES 模型把消费者对各类商品或服务的消费支出看作是收入和价格的函数，在某一时期的物价和收入水平下，消费者获得的可支配收入，首先满足与收入水平无关的基本需求，然后扣除了基本消费之后，剩余部分的收入在各类商品或服务之间按一定的边际消费倾向进行分配。在此基础上，确定总支出和可支配收入历史平均趋势的动态适度水平的上限，同时设定好林牧区养老保险适度水平上下限的标准值，在尽可能维护林牧区老年人正当权益的同时，不加重财政的负担。为了避免出现林牧区老年人养老金收入被排除在经济增长之外的情况，必须设定林牧区养老保险适度水平下限的最低标准。从近期来看，将2010—2020年的下限平均值确定为适度水平下限的最低标准比较合适，该标准为21%左右（参考全国农村的最低标准）。此外，林牧区养老保险适度水平上限也不应该无限上升，因为上限的不断上升无疑会加重财政负担，进而影响到林牧区养老保险制度的可持续运行，因此必须设定一个上限的标准值，从近期来看，将2010—2020年的上限平均值确定为适度水平上限的最高标准比较合适，该标准为43%左右（参考全国农村的最高标准）。这意味着，在一定时期内林牧区养老保险适度水平应与全国的水平基本持平，即介于21%～43%之间。

最后，还要设计基本养老金给付调整机制，与经济发展水平相适应并结合林牧区养老保险适度水平测算结果，实施更加科学的养老金给付机制，以有效改善农村老年人的生活，使林牧区养老保险制度更趋完善。

5.2.4 具体匹配设计方案

养老模式及其保障基础的设计要重视老年人所在家庭的差异性。表5.4是针对不同养老模式和对应的保障基础制度进行比较，结合各类模式的特征，明确适宜的社区、家庭和老年人的具体情况。

表5.4 不同养老模式及其保障制度的特征及比较

Table 5.4 the characteristics and comparison of different modes of providings for the aged and the security system

特征/分类	家庭养老	个人养老	社区（集体合作）养老	社会养老保险	商业养老保险
适用条件	老年人有子女或子女家庭	老年人自己有一定的收入渠道和积累	较强的集体经济实力或财政支持以及较完善的农牧区村落社区公共服务体系	农民必须能够承受起共同支付或强制缴费负担	收入水平相对更高
出资方式	家庭主要成员或子女出资	老年人自己出资为主	财政支持及社区集体出资	社保机构（个人缴费）	商业保险机构（个人缴费）发展水平低
基本原则	在血缘亲情基础上的共济性，子女有较好的赡养意愿	自主积累，家庭处于空巢期，子女远离	公共服务支撑，社区合作与支持	互济性、强制性与公正性	共济性、效率原则
发展现状	当前是内地农村和西藏农牧区的主要养老方式	当前不适用；除个别不得已而为之的老年人	发达地区有一定的试验与发展；是农牧区的中期发展目标	补充方式	发展水平低
主要优势	自然选择、精神慰藉、代际反哺	/	是家庭养老的有益而有效补充	互济性与公正性	满足高层次的养老需求
主要不足	面临着市场化、城市化、工业化、老龄化等的冲击	难以推广	公共服务和社区建设任重道远	自由覆盖率低；保障水平低；强制组织成本高	无法推广，个人付费高
适用群体	绝大部分农牧民	极个别农牧民	有一定经济条件的农牧民	全部农牧民	个别条件较好的农牧民

5.3 设计原则与目标设定

5.3.1 设计原则

改革开放以来，我国奉行的一直是“效率优先，兼顾公平”的价值理念，这使经济发展得到了飞速提升，大部分人得到了前所未有的财富，但与此同时，效率优先在社会保障等领域的长期应用也导致了一定程度的贫富差距问题。阿瑟·奥肯曾表示，公平和效率，就如鱼和熊掌一样不能兼得。市场是根据效率向要素的供给者给予报酬，市场经济条件下，收入分配的基本依据只能是市场对生产要素的贡献评价，以及与之相配套的付酬制度。市场经济的作用越大、越完整，经济效率就越高，但同时人们的收入差距也会随之拉大；如果政府干预足够大，那么第二次分配还有可能促进收入均等化，但这样做，又会使得经济效率下降。

值得注意的是，本质上，社会保障的价值取向与经济政策的价值取向是完全不同的，无论在政策设计还是政策执行过程中，都不能将二者混为一谈。科学发展观提出后，中共中央将政治取向确定为“执政为民”“以人为本”“构建社会主义和谐社会”，而“构建和谐社会”的本质就在于确立公平、正义、共享的核心价值观，保障每一个人都能够快乐地创造、和谐地生活。这样的政治取向，构成了鲜明的时代发展背景，明确地向人们昭示了新世纪的公平理念。在这种背景下，社会保障内在追求公平的价值取向日益得到人们的认可和接纳，社会保障从单纯地为经济发展服务的倾向和地位改变为兼顾公平，为农民建立社会保障制度，完善覆盖城乡居民的社会保障体系，成为国家的责任与义务，享受养老保障制度带来的成果成了西藏农牧区广大农牧民的权利。

据调研了解到，在西藏林芝林牧区，鉴于现行的养老模式及其保障基础仍然根植和局限于传统自然经济的基础，80% 以上农牧民都对重启养老保险制度，改进农牧民现存养老模式和保障基础予以积极的支持，在经济较快地区，这一比例更高。仅仅小部分的农牧民对 20 世纪中止的农村养老保险制度存在一定的异议，但对重启养老保险制度，构建养老模式和保障体系都表达了欢迎态度，也表示了对党和政府的信任。

（1）普遍原则

林牧区老年人的养老模式及其保障基础是西藏农牧区社会保障制度的重要组成部分，覆盖到每一位老年人是最基础的要求，因此，普遍性原则是其首要原则。

社会保障权作为人的一项权利，是市场经济正常运行的基础条件和社会稳定发展的必然前提。1942 年，贝弗里奇起草《社会保险及相关服务》的政策研究报告中，就要求各国在确立社会保障制度时，对象和范围不能仅局限于贫困的社会阶层，而应覆盖全体国民，让每个公民都享受相应的社会保障。1948 年，联合国《世界人权宣言》也明确把社会保障权利列为基本的人权。新中国成立后，1954 年，我国第一部宪法就确认社会保障权是公民的一项基本权利，宪法规定“中华人民共和国公民在年老、疾病或者丧失劳动能力的情况下，有从国家和社会获得物质帮助的权利，国家发展为公民享受这些权利所需要的社会保障、社会救济和医疗卫生事业”。

西藏的社会保障问题是西藏人权问题的一项重要内容。西藏和平解放后，生产的发展、经济的增长、社会保障事业的进步，使得西藏人民的保障水平不断上升，城市的社会保障问题有了很大程度的改善。同时，随着国家经济实力的增强，国家对西藏的支援规模与数量也越来越大，越来越多。其中的很大一部分，直接用来扶助农牧民，促进农牧区的生产发展。从社会保障的主体看，虽然西藏社会保障制度的目标是向全体西藏人民提供保障，由于西藏社会保障与公民是否在企事业单位相联系，因此，对于占西藏人口绝大多数的农牧民及其家庭成员而言，只有一小部分的人群在特定情况下得到了各种救济，这样的情况，令林牧区老年人的养老模式及其保障基础的发展，一度陷入农牧民家庭“自我扶持”的困境。

事实上，在西藏农牧区进行养老及其保障的“普及再普及”已经成了西藏现代社会保障的最重要任务之一。把更多农牧民纳入社会保障网，把所有农牧区老年人纳入养老的保障，确立可持续的养老模式，既是农牧民公民权利的体现，也是保障全体社会成员生活的重要保证。普遍性原则既是社会保障出现的初衷，同时也是社会保障发展的方向。建立普遍性原则下的新型西藏养老保障制度，进一步解决西藏社会保障的独特问题，对国家安全、民族团结等都具有重要作用。

（2）倾斜原则

农牧民的养老模式及其保障基础作为一种社会保障的制度安排，可以缓和社会不公平，为林牧区老年人的老年生活提供更好的养老机会，创造和维护社会公平的基本出发点和落脚点。但纵观西藏社会的整体发展状况，政府近年来对农牧民的投入已有很大突破，但与城镇相比，差距仍然不小。就投资总额而言，2009年，西藏农村投资总额为507536万元，城镇投资总额为3286622万元，城镇投资总额是农村投资总额的6.5倍。就国民经济行业进行分类，2009年，农村投资额为809万元，城镇投资额36563万元，城镇在该行业的投资额是农村投资额的45倍（如表5.5所示）。与此同时，就城乡居民家庭人均收入，农牧民收入与城镇居民收入一直都相差几倍。单就2009年的数据来看，西藏自治区农牧民人均纯收入为3532元，城镇居民人均可支配收入为13544元，城镇居民收入是农牧民收入的3.8倍（如表5.6所示）。鉴于此，在对农牧民养老模式及其保障基础加以改进的过程中，国家投资及其配套措施等，都必须向农牧民有一定的倾斜，这是制度改进的必须，同时也是实现农牧区和谐稳定的必然。

表5.5 西藏自治区农村与城镇投资对比（单位：万元）

Table 5.5 the contrast between rural and urban investments in Tibet autonomous region

	农村投资		城镇投资	
	投资总额	卫生、社会保障和社会福利业	投资总额	卫生、社会保障和社会福利业
2004	36220	11	1647838	16114
2005	60323		1901593	23781
2006	305102		2018401	20141
2007	395351	135	2316460	15950
2008	384770	60	2714534	14114
2009	507536	809	3286622	36563

数据来源：西藏历年《西藏统计年鉴》（西藏自治区统计局编，中国统计出版社）

表 5.6 城乡居民家庭人均收入（单位：元）

Table 5.6 household income per capita of urban and rural residents

	农牧民人均纯收入	城镇居民人均可支配收入
1978	175	565
1979	233	625
1980	274	683
1981	296	715
1982	324	768
1983	318	840
1984	446	915
1985	535	984
1986	492	1026
1987	519	1229
1988	573	1376
1989	555	1477
1990	582	1613
1991	617	1995
1992	653	2083
1993	706	2348
1994	817	3330
1995	878	4000
1996	975	5030
1997	1085	5135
1998	1158	5439

续表

	农牧民人均纯收入	城镇居民人均可支配收入
1999	1258	5998
2000	1331	6448
2001	1404	7119
2002	1521	7762
2003	1691	8058
2004	1861	8200
2005	2078	8411
2006	2435	8941
2007	2788	11131
2008	3176	12482
2009	3532	13544

数据来源：西藏 2010 年《西藏统计年鉴》（西藏自治区统计局编，中国统计出版社）

（3）适度原则

一个国家社会保障的发展，离不开国民经济的发展，离不开国民收入的增长，同样也不能脱离一个国家的国情和一个地区的历史传统。总体而言，农牧区养老模式及其保障基础的适度性，就是农牧区养老的保障水平与经济发展水平和社会需求必须相互适应。由于林牧区农牧民的收入水平相对我国中东部地区农村而言较低，因此，在制定养老模式及其相关保障制度的过程中，必须拟定适度的层次和标准，避免标准过高而导致财政负担重、资金难筹集和社会不堪重负等问题的发生；反过来，如果水平定得过低，则无法满足农牧民对养老保障的需求，达不到保障老年人基本生活的目的，也无法构建好的养老模式，进而影响到养老保障的实际成效。因此，在改进过程中，需要根据农牧民养老模式设计和相应保障水平的需求和供给，在适度水平上做到平衡发展。

（4）强制原则

农牧民养老模式设计和保障制度构建中的强制性原则是指，在养老保障制度的安排中，政府管理拥有的权威性。主要体现在法律的规范性及其所体现的强制性方面。从筹资的方面来看，一方面，养老保障制度作为公共物品，必须采取强制性措施，才能实现推行效果。养老保障制度追求的是社会公平，企业、个人等各利益主体为追求自身利益的最大化，常常会采取一些规避交费或供款的办法，必须以法律为保证，没有强制性措施，农牧民的养老保障改进就没有稳固财政根基，也就没有真正意义上的保障安排。从制度的安排以及运作机制来看，国家强制建立养老保障服务网络体系，并在法律的明确规范下依法办事，确保资金的良性运转、发放，切实保障农牧民老年后的养老和生活，就体现了政府的权威，更是法律强制规范保障生活的必然要求。总体而言，政府的强制性植根于法律的强制，并服从于法律的强制。

（5）分担原则

分担原则要求在社会保障的改进过程中，采取多元的保障主体以及筹资形式。一般而言，从主体看，有政府、社会、企业和个人等；从筹资渠道看，有政府筹资、企业与社会筹资、个人筹资，筹资形式包括拨款、缴费、捐赠、彩票等。国际上，无论是发达国家还是发展中国家，各国政府对农村养老及其保障都给予了强大的支持，南亚地区的一些国家都在法律上明确规定农村社会保障的财政支持金额；总的来说，任何一个国家的社会保障资金来源都是多元化的。调研发现，林牧区老年人的养老模式以家庭养老为主，相应的保障基础还比较薄弱。一方面，中央与地方应该承担财政支持上的主导责任，但另一方面，由于养老的互济性特征，权利与义务对等原则，以及养老保障制度整体的资金可持续性，林牧区农牧民在养老模式和制度保障改进的过程中，进行适度的分担很有必要。个人部分的分担既可以减轻国家的财政负担，增加养老金的收入来源，同时，在一定程度上也可以增强个人责任感，提升老年人对养老的自觉自信，增强老年人的自我保障意识。

5.3.2　目标设定

郑功成曾指出，社会保障制度的改革，成败取决于目标定位、制度设计与技术方案，任何要素的失误，都会影响到社会保障制度的正常运行与持续发展，而其中目标的设定又是首要因素。林牧区农牧民养老模式及其制度基础的构建，必须有明确的目标，必须服务于国家统一、反对分裂、社会稳定的大局，为全国农牧民的社会保障体系建设、整个社会养老保障制度的健全和完善提供实践依据和决策参考。

作为长期性的发展战略，林芝地区农牧民养老保障制度改进目标在总体设计上需做到长远规划与全面计划相结合，重点突出与有机统一相结合，既注重长期目标的战略定位性，又注重中期目标、短期目标的基础变革性。

（1）短期目标

从 2010 年开始，用 5 ~ 10 年的时间，在广覆盖、低水平、可持续和促发展的原则下，逐步扩大新型农村社会养老保险的覆盖面，解决农牧区养老的实际问题；到2013年年底实现新型农村社会养老保险制度全覆盖。到2015年，实现农牧民人均纯收入与全国平均水平的差距显著缩小，确保基本公共服务能力显著提高，基础设施建设取得重大进展。到2020年，实现农牧民人均纯收入接近全国平均水平，人民生活水平全面提升，基本公共服务能力接近全国平均水平，基础设施条件全面改善，确保实现全面建设小康社会的奋斗目标，健全和完善农牧区家庭养老模式。

（2）中期目标

在初期目标实现的基础上，再用5～10年的时间，逐步建立公共服务体系支撑的社区养老模式，有效补充家庭养老模式。到2030年，确保实现全面建设小康社会的奋斗目标，农牧民人均纯收入接近全国平均水平，人民生活水平全面提升，基本公共服务能力接近全国平均水平，基础设施条件全面改善，生态安全屏障建设取得明显成效，自我发展能力明显增强，社会更加和谐稳定。

（3）长期目标

在中期目标实现的基础上，再用10～20年的时间，在西藏农牧区构建涵盖家庭养老、社区养老和制度养老的农牧民的养老模式及其保障体系，确保老年人得到完善的养老保障。到2050年，全面实现以政府参与、社会互济性的社会保险为基础，其他保障形式为补充的保险主导型的城乡一体化社会保障统一模式。在养老资金筹集上，实行统一原则筹集方式，在养老资金给付上，实行相同标准发放标准，在管理机制的调节上，对制度安排、资金运营、资金监督等实行全国统一的运作机制。

5.4　养老模式的驱动机制构建

5.4.1　完善林牧区老年救助制度与最低生活保障制度

曾任全国人大常委会民族委员会主任委员的多吉才让曾强调“建立农村社会保障制度，首先要从最低生活保障制度起步”。最低生活保障制度是社会保障中最低层次的保障制度，保障范围较广，保障待遇标准也较低，是政府保障农牧民基本生活的最后一道防线。社会保障必须包含这种保底措施，才能使那些不能享受社会保险的农牧民得到最基本的保障和保护，而不至于陷入生活困境。完善西藏农牧区最低生活保障制度，保证贫困的农牧民享受最低生活保障待遇，事关西藏稳定和祖国统一。一旦农牧民基本生活不能保障，贫困不再是简单的经济问题，很可能转化为政治问题，影响到社会安定和民族团结。因此，进一步完善具有西藏特色的农村最低生活保障制度，是保持西藏社会稳定、促进经济发展的重要措施。

要把握好最低生活保障制度的基本原则。最低生活保障制度应保障农牧民最起码的生活标准，使陷入贫困的农牧民逐渐摆脱贫困，走上勤劳致富的道路；保障的水平不应设计得过高，否则就会演变成福利依赖。也就是说，既要考虑到西藏经济发展水平落后的现状，又要有效抑制因社会救济标准过高而带来的福利依赖问题。必须根据林牧区的不同海拔、不同区域、不同资源优势的种种差异，做好针对性的工作。要科学合理地确定农牧区最低生活保障线水平。各区域要在认真调查研究的基础上，准确测算贫困对象年人均消费水平和人均基本生活支出，确定的保障线一定要能维持农民最基本的物质生活需要，同时不能超越当地财政和经济的承受能力，还要兼顾物价上涨等因素。要全面掌握林牧区农牧民贫困家庭的成员结构、收入水平、消费支出，结合最低生活保障线标准，分门别类制定好保障对象的条件与范围，严格按审批程序进行。保障对象通常包括：家庭成员无劳动能力或者基本丧失劳动能力的；家庭主要成员死亡或者长期患病、基本丧失劳动能力的；家庭成员有残疾的；无生活来源的同时无法定抚养人的老年人或者未成年人。还要做好相应配套措施，如享受林牧区最低生活保障的农牧民，可凭县级民政部门的低保证明，享受免收就业岗位培训费，免收就医挂号费等服务性收费等优待。

5.4.2 建立自治区地方性养老及其保障的法律体系

养老及其保障的立法必须是一个完备的体系，截至目前，我国养老保障的法律在宪法中仅有原则性规定，而且尚未涉及社会救济、社会救助等重要保障构成内容，成文的社会保障基本法还未颁布。养老保障法律规范也不统一，如政策、文件等形式的非法律规范，缺乏法律规范应有的规范性及严肃性。自治区应尽早根据《西藏自治区地方性法规制定程序》，针对地区特色，制定符合农牧区实际的与国家相关法律法规相配套的地方性《农牧区养老保障》法规，予以制度化、规范化。

5.4.3　建立林牧区计划生育养老保障制度与家庭养老奖励扶助制度

自治区将在 21 世纪上半叶迎来总人口、劳动年龄人口和老年人口的高峰，但人口素质总体不高，在西藏广大农牧区建立计划生育政策不仅关系到“人口安全”问题，还关系到能否实现社会主义新农村建设的既定目标。人口素质和数量问题仍将是长期制约经济社会发展的关键问题之一，从长远来看，人口素质、结构和分布问题将逐渐成为影响经济社会协调可持续发展的主要因素。从西藏农牧区以及林牧区的实际出发，建立林牧区计划生育养老保障制度，并逐步建立家庭养老奖励扶助制度，形成一个系统的可持续运作的操作机制。

第6章　“三位一体”：基于发展型社会政策的林牧区养老模式体系重构

在全球化的背景下，制度养老、家庭养老、社区养老并存是不同国家、不同地区养老保障共同的取向。但针对西藏农牧民的特殊情况，笔者在通过历史视角剖析西藏地区特有的风险化解机制、经济形态以及社会结构，实地调研了解西藏林芝地区农牧民养老保障制度基础条件后，认为在西藏林芝农牧民养老模式体系重构的过程中，不仅需要结合各地区的共性，更需要充分挖掘西藏特色的经济、社会和文化的个性。

6.1　社会投资增能效应下的制度养老

“增能”一词来源于英文“Empowerment”，国内学者更多的将其译为“赋权”或“增能”。赋权是授予法律权力或权威；而增能则是强调激发或挖掘服务对象的潜能，帮助自我实现或增强影响。增能可在三方面实施：一是个人层次；二是人际层次；三是政治层次。在本章中，增能的基本价值在于协助林牧区牧民透过行动去增强适应环境的潜能，透过社会政策和计划营造一个正义的社会，为社会成员提供平等的接近资源的机会①。

6.1.1　“参与”与“分享”：财政支持下的林牧区制度养老

“3·14”事件之后，党中央、国务院更加重视西藏的和谐稳定、繁荣发展。2010 年 1 月，第五次西藏工作座谈会举行。会上，胡锦涛指出要大力保障民生，切实把保障和改善民生作为西藏经济社会发展出发点和落脚点，继续实施“富民兴藏”战略，提高各族群众生活水平和质量，同时把更多关怀和温暖送给广大农牧民和困难群众，着重解决他们迫切需要解决的问题，特别是农牧区条件艰苦、农牧民增收困难等问题等。温家宝也强调，在当前和今后一个时期，西藏应切实保障和改善民生。大力改善农牧民生产生活条件，解决好零就业家庭和困难群众就业问题，建设覆盖城乡居民的社会保障体系，2012 年 6 月以前基本实现新型农村社会养老保险制度全覆盖的目标，切实保障宪法规定的“劳动者在年老、疾病或者丧失劳动能力的时候，有获得物质帮助的权利”。

实证调查发现，虽然与日喀则、阿里地区的农牧区相比，林芝林牧区有着更丰富的林业资源，无论是虫草还是松茸，都能给林牧区的农牧民带来较为丰厚的经济回报，也能在一定程度上提高农牧民人均

① 高万红：《增能视角下的流动人口社会工作实践探索——以昆明 Y 社区流动人口社区综合服务实践为例》，《华东理工大学（社会科学版）》，2011 年第 1 期：30－36

可支配收入，但是与林芝地区城镇居民的收入相比，差距依然存在。由此可见，一方面，全面覆盖农牧区的社会保障体系不只是保障了农牧区老年人的养老需求，更是给这些老年人所在家庭的第二代、第三代提供了和谐稳定的生存空间和发展预期。有了这样生存与发展的空间，家庭的第二代中青年才能安心地走出去务工，才能有更多的机会挣到更多的经济收入，从而为第三代营造更好的学习环境，抓住更好的成长机会，同时也为家里老年人的养老提供更好的家庭支持。有了这样美好的预期，才能带动整个家庭重视一下代的教育，注重参与人力资本等的社会投资，从而逐步进入“外面美好的世界”，跟上并融入经济社会的快速发展。另一方面，全面覆盖农牧区的社会保障体系从制度上保障了更广大的农牧民切实分享到了国家和地方政府的财政投入，客观上分享到了大量社会投资和财政投入后带来经济社会发展的成果。

在这样的大背景下，国家财政支持和社会投资为西藏地区构建全面覆盖城镇和农牧区社会保障体系成为必须和必然。

正如发展型社会政策所强调的那样，发展主义为社会政策提供了一个宏观的理论视角，在一个全面的、国家导向的发展过程中寻求社会政策和经济政策的结合，将公民社会和商业组织都包括在促进社会发展目标实现的过程之中，明确政府职责是深化改革、推进建立全民共享基本养老保障体系的关键。从政治意愿来看，大多数国家的政府都希望提高本国国民的福祉水平，但这需要从本国的现实条件出发，从发展阶段、财政能力、管理能力和市场条件等角度出发，确立政府提供基本养老保障的政策目标，设计出可操作、可持续的基本养老保障模式。从某种意义上讲，收入水平并不妨碍建立一个普惠的基本养老保障制度（Johnson and Williamson，2006）。部分发展中国家，如玻利维亚、博茨瓦纳、毛里求斯、纳米比亚、印度、尼泊尔等，都尝试或已经建立了普惠的基本养老保障制度，旨在消除老年贫困问题。为了防止普惠的基本养老保障制度产生负面效应，有些国家尝试建立收入测量型的基本养老保障制度，对于自身有经济能力的老年人不提供或少提供帮助，将有限的资源用于最贫困的老年人。到2013年左右，中国收获第一次人口红利的“机会窗口”行将关闭（王德文等，2004），那么，我们能否启动获得第二次人口红利的“机会窗口”，这将在很大程度上取决于推进一系列体制改革的进展。其中，建立全民共享的基本养老保障体系，是一系列体制改革的重要内容之一，也是获得第二次人口红利的重要政策措施。人口老龄化上升将会带来第一次人口红利的消失，但通过养老保障体制来促进储蓄和提升人力资本积累可以收获第二次人口红利。

中国是在“未富先老”的发展阶段进入老龄化社会的，因此我们去建立一套过于“慷慨”的基本养老保障体系也不现实。政府的职责应该是建立一套行之有效、可持续的基本养老保障体系，防止出现老年贫困问题。例如，对城乡没有社会保障的老年人发放适当的福利养老金或老年津贴，就可以解决老年人的贫困问题。把基础养老金部分设计为财政投入，可极大地提高个人参保激励。如上文所述，下一步改革应该采取整体设计推进的措施，建立一个普惠的基本养老金制度，保障所有老年人拥有高于贫困线之上的生活水平。对于基础账户养老金的筹资，并不来自个人缴费，而是由政府通过一般性的税收，进行财政收入转移划拨。这种防止老年贫困的低水平标准设计，如果通过中央和地方政府来合理分摊，那么，对中国高速增长的财政收入来讲并不构成压力。例如，如果按照农民人均纯收入的四分之一为基础养老金账户筹资，那么，这笔筹资占全国总财政收入还不到2%。除此之外，政府还应承担转轨成本的减少消化、养老保障体系的监督管理和资本市场的发育完善等一系列责任。其中，转轨成本应该由中央政府直接承担，并采取相应的改革措施逐步消化；监督管理应该全面推进建立省级统筹体系，然后向建立全国范围的统筹体系过渡，服务于一体化的劳动力市场制度要求；随着个人账户的逐步做实，发育完善的资本市场是养老资金保值增值的重要保证。

6.1.2 制度型福利视野下藏区养老保险的主体地位

（1）制度型福利视野下养老模式的普惠型保障

作为西方社会维护稳定的“安全网”“稳定器”，社会福利主要有“制度型”和“补救型”两种典型的福利国家模式，其主要的差别在于国家、市场、个人间的分配。在采用“制度型”福利模式的国家，社会民主主义或合作主义占主导，国家承担大部分福利责任，可称之为“人人皆福利”。而采取“补救型”福利模式的国家，自由主义占主导地位，国家承担一定的转移支付，转移支付的重点对象是社会弱势群体。

从福利国家历史演进看，早期西方社会强调个人的责任，家庭保障是最重要的保障形式，慈善组织提供的救助作为重要的补充，在这两种形式无法满足需要时，国家才以补救的形式介入。20世纪后，随着经济衰退，社会问题越来越严重，仅靠个人、家庭和慈善远不能解决这些问题，这时社会保障理念开始从强调自助转向强调国家的责任，“福利国家”成为多国争取的目标。20 世纪中叶，福利国家保险覆盖范围越来越广泛，保险也由最低生存标准线提高到中等水平，国家在福利提供中扮演着越来越重要的角色。但 20 世纪 70 年代后，经济滞胀以及庞大的福利开支，使福利国家成为被批评的对象。从此，社会保障理念开始发生变化，“强调国家、社会与个人的共同责任，主张自助、互助与国家保障相结合的社会保障理念逐渐成为西方社会保障制度的基本理念。”

在此理念下，各国纷纷进行福利改革，探索一条“制度性”和“补救型”相结合的道路，在这种道路下，“补救型”并不是指等个人和市场的作用力所不能及时政府才出面，而是政府一开始就要介入，发挥财政转移支付职能，但政府发挥有限责任，同时个人和市场相结合，形成一种混合型模式。当然，各国、各地区最终选择何种模式，取决于信仰、意识形态、环境和个人利益等因素的影响①。

针对西藏地区农牧民的特点，由于西藏地区与全国的之间存在着很大的差距，并且这种局面很难在短期内扭转，制度型的福利制度是农牧民养老模式及其保障的发展方向。

在制度型福利制度的引领下，实行普惠型福利将更有助于促进地区间的公平问题。普惠型福利是指各种福利为全体公民提供，每个公民都可以平等地获得这些服务；而选择性福利制度是以特殊的个体或群体为目标的福利服务，其覆盖群体不是全部人口，而是按一定标准挑选出来的。反对普惠型福利政策的学者认为普惠型福利政策一个缺陷是“渗漏”，他们认为，按照普遍性福利的分配方式，可能有资源

① 库少雄、Hobart A. Burch：《社会福利政策分析与选择》，华中科技大学出版社：第 167 页

分配的错位。不需要资源的人会白白地占有着资源，而真正有需要的人则可能得到的是劣质的服务，造成资源的闲置与浪费；同时，反对普惠型福利政策学者的另一个理由是该模式违背了消极自由的原则，强制性的措施，剥夺了纳税人自由支配收入的权利。对于选择型福利政策而言，其主要是提供一种“变动中的福利”，弥补人们的“所需”与“所有”之间的差距，其主要的特点是存在收入审查的机制，涉及受阻群体的自由、自尊，以及调查者的职业道德等。由于这种调查方式只存在符合或者不符合两种结果，没有中间状态。因此，随着调查制度的开展，收入调查信息将会走上扭曲失真的路子，会导致收入调查中的“寻租”现象，增加农村养老保险的管理成本，尤其对处于贫困线周边的人群影响最大。

由于西藏农牧民的贫困程度深，贫困面积广，同时加上藏文化不排斥人们对救济领取和乞讨的行为，道德层面难以减少道德风险的可能性，收入调查系统的不发达、行政效率的不高，也还会导致管理成本较高。因此，综合各项因素，尽管普遍保障型在一定程度上加重了国家财政的压力，但收入调查型在实际运行中面临诸多问题，在实际的运行中，采取制度型福利视野下的“普惠性”保障模式将有助于促进地区间的公平，保障社会的稳定和发展。

（2）养老保险的主体地位

在人口老龄化趋势不断加剧的现代，虽然中国由东到西的区域阶梯式老龄化格局尚未改变，西藏传统理念下的家庭功能并未衰弱，但随着现代化进程的不断推进，特别是社会转型、宏观经济环境、家庭代际和个人自主活动等方面的变化，经济问题还是老龄化进程中亟须解决的热点问题，虽然近年来，农牧民的生活状态和经济条件与过去相比已有了巨大改善，但西藏农牧民的人均纯收入与全部职工人均工资相比还是具有相当大差距，2010年《西藏统计年鉴》显示，2009年，西藏农牧民人均纯收入为3532元，而全部职工的人均工资为48750元，相差近14倍（如表6.1所示）；与此同时，就西藏全区居民消费水平而言，2010年统计年鉴显示，2009年，全区平均消费水平每人4060元，农牧民每人消费水平为2398元，城镇居民每人消费水平为9563元，（如表6.2所示）；据此推算，2009年，农牧民每人的消费水平只有城镇居民的25%，全区平均消费水平的50%，由此可见，在西藏林芝林牧区老年人养老模式的改进中，政府首先要进一步提升农牧民的经济水平和家庭保障能力，并建立起与经济社会体制相适应的以养老保险为主体的养老保障机制。

表6.1 人均主要经济指标

Table 6.1 main economic indicators per capita

	农牧民人均纯收入	全部职工人均工资
1965		940
1975		794
1978	175	850
1979	233	995
1980	274	1025
1981	296	1055
1982	324	1313
1983	318	1362
1984	446	1678
1985	535	1963
1986	492	2375
1987	519	2499

续表

	农牧民人均纯收入	全部职工人均工资
1988	573	2710
1989	555	2881
1990	582	3181
1991	617	3355
1992	653	3448
1993	706	4085
1994	817	7115
1995	878	7382
1996	975	11087
1997	1085	10098
1998	1158	10987
1999	1258	12904
2000	1331	14976
2001	1404	19144
2002	1521	24766
2003	1691	26931
2004	1861	29292
2005	2078	28950
2006	2435	31518
2007	2788	46098
2008	3176	47280
2009	3532	48750

资料来源：西藏自治区统计局编：西藏《历年西藏统计年鉴》，中国统计出版社

表 6.2　全区居民消费水平（元/人）

Table 6.2　residents consumption level in the entire autonomous region（yuan / per capita）

	全区居民	农村居民	城镇居民
1979	218	147	620
1980	276	210	635
1981	301	198	878
1982	319	209	968
1983	293	215	814
1984	359	268	971
1985	422	309	1182
1986	438	296	1387
1987	499	374	1478
1988	543	382	1519
1989	647	412	2078
1990	735	484	2329
1991	839	554	2721
1992	903	594	2825
1993	931	591	3083
1994	1110	694	3700
1995	1202	762	3981
1996	1312	873	4023
1997	1471	939	4744
1998	1551	981	4169
1999	1669	1030	4579
2000	1823	1144	4737
2001	1939	1223	4992
2002	2725	1365	8278

续表

	全区居民	农村居民	城镇居民
2003	2825	1272	9112
2004	2950	1483	8895
2005	3019	1532	9040
2006	2990	1874	7515
2007	3215	1950	7888
2008	3504	2149	8324
2009	4060	2398	9563

资料来源：西藏自治区统计局编：历年《西藏统计年鉴》，中国统计出版社

6.1.3 发展型福利视野下的藏区老年人养老模式考量

在养老保障的给付中，收入补充型指养老金仅作为农民老年生活的补充收入，老年人若要维持其退休前的生活水平，则除养老金外，还需有其他收入来源。收入替代型指养老金的发放水平可以基本上满足农民的退休生活需要。本质上，两者的区别在于其替代率的不同，收入替代性的替代率高于收入补充性的替代率。

在农牧民养老保障制度的改进中，鉴于西藏地区与其他地区相比，其经济实力、社会基础较薄弱，在实行制度型、普惠型保障模式的情况下，采取收入替代型制度成功的可能性几乎不存在，因此，本文认为，西藏农牧民的养老制度应定为收入补充型，其中一方面是由于西藏地区经济实力的影响，另一方面是由于藏族传统文化中注重家庭保障、土地保障、牧场保障的影响。

(1) 发展型福利的内涵及其对中国养老制度的启示

养老制度是社会福利体系的重要组成部分，而对社会福利的研究则一直被不同的范式驱动。规范性视角下的社会福利政策可分为制度型（Institutional）和剩余型（Residual）两类，学者们常将制度型模式与西欧国家相联，将剩余型模式与美国相联。实践证明，在不断追求经济发展以及寻求社会与经济政策相整合的发展中国家，这两种模式并不适合。发展型福利模式由此作为一种折中主义和实用主义的方法，它颠覆了社会政策是单纯支出的传统观念，将再分配功能与生产性的社会投资功能整合，自20世纪90年代以来得到迅速发展。目前，已有学者将发展型福利理论介绍到中国，并在反贫困政策、儿童与家庭政策等领域进行了有益的尝试。

国内发展型社会政策的学者也认识到中国人口老龄化给社会经济发展带来的养老挑战，但仍未对此开展针对性的研究，因此将发展型福利模式与中国的养老实际相结合进行研究，从而把老年人养老的现实问题与经济、社会的持续发展统一起来，具有重要的科学与实践价值。

(2) 协调经济发展与社会发展的关系

发展型福利理论突破了传统社会福利政策孤立看待经济和社会发展的窠臼，揭示出二者之间相互依存的关系。长期以来，社会政策一直被视为经济政策的附庸，认为社会政策只是通过再分配手段来平衡经济发展中所产生的不公正、不平等问题，这种政策割裂的弊端日益凸显。1969年，联合国由此提出了社会和经济协同发展的理念，随后发展起来的发展型福利理论，集中体现了经济政策和社会政策的有机整合。社会政策并非单纯的支出，也是促进经济发展的生产力要素之一。这一观点在彼得·H. 林德特的专著《增长的公共开支：18 世纪以来的社会支出与经济增长》中得以论证，林德特用大量数据和事实颠覆了传统认知，他的研究结果表明社会转移支付的净国民成本为零，也就是说纯再分配性质的社会性支出在促进经济增长方面是“免费的午餐”。西方发达国家的这一历史经验对于发展中国家走出社会公平与经济增长的两难困境极具借鉴意义，同时也体现了发展型福利理论的理论和现实价值。林德特还基于严格的计量分析证实，人口老龄化容易使社会达成增加社会性支出的共识，他把这一现象界定为年龄效应（Age Effect），意即老年人口比其他年龄阶段人口更容易获得社会福利的更多支持。我国深厚的历史文化以及浓厚的孝文化成分，更有利于全社会实现这一年龄效应。尽管这一文化在现代化、市场化的冲击中，有不同程度的式微，但却仍然主导着中国主流社会价值。每个家庭都有老年人，每个人都会变老，在老龄化的背景下，合理有序地增加相关的社会支出，融合社会发展与经济发展，不但不会影响经济增长，还会增强整个社会及其成员的信心，从而带动消费和消费升级，进而促进产业升级和经济发展。

（3）强调社会福利的生产主义转型

对“生产主义”的强调是发展型福利理论及其相关社会政策的特色之一。不同于用来描述东亚“新兴工业化国家”的生产性社会政策（Productivist Social Policy），这些政策往往直接以服务经济发展为战略导向，将福利给付与劳动责任相联系，强调社会政策作为促进劳动和就业政策的工具价值，因而无法满足失业、非正式就业以及丧失劳动能力的群体的福利需求。而发展型福利的“生产主义”则更多通过投资人力资本、增进社会资本来实现，并试图将服务对象涵盖整个人口。

按照 Taylor Gooby 的观点“既然充分就业、通过再分配提供高水平的普遍福利已经不再可能，那么社会福利只有用于人力资本的投资和增加个人参与经济的机会才具有可行性。”这种生产主义的发展型福利模式为促进经济增长，避免社会福利“抽干”经济发展成果提供了有力保障，并扩大了能够提高社会成员“可行能力（Capabilities）”的社会投资。

具体到中国的养老问题，为了应对人口结构老化的巨大惯性和二三十年后到来的老龄化高峰，其养老制度安排必须考虑到未来养老的可持续性。而中国的老龄化仍超前于现代化，“未富先老”等阶段性特征突显出中国社会在物质、制度、文化等方面的准备不足，未来的老龄社会是抚养比高、劳动力相对短缺、社会服务需求激增的社会，这要求中国的养老制度不仅要有社会性的再分配功能，还需具备生产性的社会投资功能。只有有序地增进生产主义内涵，养老制度才能使老年人养老的现实问题与老龄社会的可持续发展更好地统一。

（4）促进福利主体的能力发展

传统社会福利模式的基本思路是通过再分配手段将社会资源用于减少人们的不幸，并保障其基本生活，这是一种事后补偿方式，其本身不能防止问题的发生。发展型福利则改变了传统社会福利模式对福利主体的维持性救助形式，其基本思路是致力于消除或减少那些会使人们陷入不幸或困境的因素，试图促使福利主体的自立自强，将社会福利的被动接受者变为经济与社会发展的主动参与者，而不是在风险成为事实后再向他们提供生活保障。与之相对应，发展型福利模式的对象也不局限于现实中的“问题人群”，而是试图寻求一种促进全体社会成员能力发展的社会资源再分配机制。

有学者认为，对于老年人、儿童、残疾人等弱势群体，发展型福利政策促使福利主体自立自强的做法，不仅“远水不解近渴”，且会因对象的特殊性而丧失其有效性，因而矫治性或补缺性的福利项目永远是社会福利的重要组成。必须说明，发展型福利模式并不否认社会总是需要救济性和以维持生存为目的的社会政策，它只是认为传统的福利模式过于强调福利供给和收入补助，而这些措施并不能促进人们对经济过程的参与以及对经济成果的分享。尤其对于一个追求可持续性的养老制度体系而言，它不是简单地使用社会资源对老年人施以救助的过程，更不是盲目地延长退休年龄或鼓励所有老年人参与经济活动。老年人群体有其自身的特点，只有综合运用救助性和发展性的福利工具，将老年人的养老问题融入家庭能力发展、社区功能完善的过程之中，全面增加老年人及其家庭抵抗养老风险的能力，才能真正诠释“发展”的内涵。

6.2 家庭支持下的“康苏”文化弘扬与家庭养老

文化资本通常有三种形式，一是被归并化的形式，即“人体内长期地和稳定地内在化，成为一种秉性和才能”。二是客观化的形式，即“物化或对象化为文化财产”，如古董。三是制度化的形式，即是“由合法化和正当化的制度多确认的各中学现、学位及各校毕业文凭等”①。传统养老文化属于文化资本中被归并化的形式，在一个文化中，人们养老风俗代代相传的过程，对生活在该文化场域中的人们造

① 高宣扬：《当代法国思想五十年》，中国人民大学出版社，第157－518页

成怎样的影响。养老文化的形成需要一个时间过程，从行为到习惯，从习惯到习俗，在漫长的风俗演变中逐渐形成。

现代社会中老年人作为经验和智慧的传授者的权利往往被剥夺了，人们为了更好地适应社会的迅猛发展，不断学习和吸收新知识和技能。当传统家庭养老方式受到现代化及市场化的冲击时，内地农村产生了许多依托于家庭养老的养老类型来适应新的社会环境。独生子女政策实施近30年来，内地家庭的子女数量普遍减少了，家庭的养老负担加重了，轮养或不完全养老的方式产生了；子女外出打工，家庭进入空巢期，子女无暇照顾老年人时，自居自养的形式产生了。就内地农村养老而言，在成本、受益、独立等含有明显西方文明的关键词的冲击下，养老这个根本不是问题的事情成了大问题。现在60岁以上内地老年人从小受到传统文化的熏陶，他们用代代相传的孝顺方式照顾年迈的父母，而等他们老了以后，却发现儿女们未必会如此照顾他们。此时，文化的工具性特征指导着人们生活方式的变化、价值观念的转变，引导着人们做出现实而理性的选择。

在西藏农牧区，虽然老年人的社会地位并未随着现代化和市场化的冲击而迅速降低，访谈证实林牧区老年人在家庭中的地位与内地家庭相比，依然很高。但现代化和市场化的冲击，正在渐渐影响着每一个农牧民的思想，影响着每一个农牧民家庭的习俗，老年人选择养老的模式和方式，都在文化和市场的双重变奏中日趋理性。

“康苏”文化实际上就是藏民族家族式的或大家庭般的支持习俗，访谈中我们发现，随着林牧区经济社会的日益发展以及宗教文化作用的相对淡化，与内地一样，家族模式或大家庭模式也开始渐渐趋于模糊，“康苏”文化开始更直接地体现在家庭支持层面，家庭养老中，老年人能得到的最贴近、最温暖、最可靠的照料和慰藉，恰恰就是家庭层面的。由此可见，弘扬家庭支持下的“康苏”文化，服务家庭养老，势在必行。

6.2.1 家庭：经济政策与社会政策的内在整合

家庭，作为社会的基本细胞，是连接社会和人口的桥梁，它敏感地反映着社会的变迁，家庭户规模与结构的变化正反映了人口与社会的双重变化。我国拥有古代家庭规模（即家庭的人口数量）比较完备的统计资料。我国古代社会家庭的平均人口规模为5～6人，这一人口数量大致相当于三代同堂的家庭。这样的人口配置，使家庭中老年人处于最为有利的家庭地位，且子女可以依托家庭整合到最优的社会资源，这样的家庭人口规模有利于家庭养老。当前林牧区的家庭基本属于三代同堂的格局，户均人口约6人，有利于老年人在家养老。

不同的发展观指导不同的实践，新中国成立后，我国实行的是仿照苏联模式的简单社会政策体系，生产、分配都采取国家统一计划、统一管理的方式，社会政策与经济政策合二为一，家庭是经济政策与社会政策的内在整合体，即使在人民公社时期，表面上大家都融入了国家的“大家庭”，但从全景看，这个大家庭还是依照着原来的家庭组织模式建立起来的，而且家长更严厉了。20世纪80年代以后，随着我国经济建设中心地位的确立，经济发展成了社会进步的先决条件，“发展是硬道理”“用更大的发展来解决发展中遇到的问题”的论调都在暗示和强调：“随着经济的不断增长，社会所有矛盾都会迎刃而解”。“先增长后分配”成为大多数国家自觉或不自觉采取的发展道路，扭曲的发展这一全球普遍现象在中国蔓延。经济发展与社会福利成为当代中国面临的两难，发展型社会政策被提出并加以充分重视，其中家庭的作用虽然在市场化的作用下有了一定的减弱，但是它作为经济政策与社会政策的内在整合的性质并没有改变。

西藏是我国少数民族分布最广泛的地区之一，其深厚的藏民族传统文化中蕴含着强大的家庭养老传统，一方面表现在藏传佛教教义给人们带来的意识形态上的影响，另一方面表现在西藏民主改革前现实制度结构的影响。在松赞干布统一青藏高原、古象雄游牧文化和雅隆农业文化结合的过程中，西藏就开始逐渐发展形成浓郁民族特色的西藏传统文化，其中藏传佛教的形成对西藏历史的发展产生了重大影响。相关研究显示，9 世纪至 13 世纪，西藏社会地方政权的分割，封建农奴制经济的发展，以及刚传入藏区不久的佛教诸派本身对佛教教义有着不同理解等，都使得藏传佛教在发展之初就与各地方势力形成相互利用、相互依赖的利益共同体，教派势力与割据政权势力变得一荣俱荣、一损俱损。寺院承载藏区政治、经济、文化中心地位，藏传佛教深深植根藏区特殊自然环境、文化背景，作为全民信仰宗教对藏区社会产生全方位影响。在藏区上层建筑意识形态方面，佛教作为传入藏族的一个宗教，虽然在本土化过程中经历了艰难曲折，但最终在统治者的大力扶植下，使自己的教义渗透到人们的思想意识里，并变成了绝大多数藏族民众的信仰。在家庭养老方面，佛教的佛陀释迦牟尼不仅强调孝顺父母是“佛法”“圣道”，并且其自身也是宣扬孝道的典范与楷模；与此同时，佛教中的各大小乘佛教经典也都毫无例外地倡导尽心孝养父母。南传佛教的早期经典汇编《经集》中就已形成“孝敬父母”的孝道萌芽。《大吉祥经》指出，“侍奉父母”是最高的吉祥；《如法经》强调，“依法侍奉父母”便会成为名叫‘白光’的天神；北传佛教的部派佛教的经典也积极倡导孝道的益处。《长阿含经第二分·卷第六》指出：“如今能修善行，孝养父母，敬顺师长，忠信怀义，顺道修行者便得尊敬。”北传佛教的大乘佛典也在发展过程中不断弘扬孝道传统。《大般涅般木经》要求在家弟子，修习的“四种法”之一就是“恭敬父母，尽心孝养”。对于悖逆孝亲思想者，佛教也有相应的惩戒措施以及因果轮回的记载，“不向父母礼拜，六亲不敬”，“犯轻垢罪”，《地狱经》指出，“若得好食美菓等，不与父母师僧先自食噉，堕饿鬼中，后生为人贫穷”“若恶心学父母师长语入融铜地狱，后生为人謇吃”（即说话口吃）。

在现实制度结构方面，西藏民主改革前，经济方面，旧西藏的封建农奴制度的束缚，领主庄园制度的土地占有和经营方式，农奴和奴隶依附于官家、贵族、寺庙上层僧侣三大领主后，被迫从事的繁重的劳动和沉重的差役租税，在没有特别的为保护弱势群体而建立的各种机制的状况下，在广大农牧区，家庭就成了主要的生产单位、消费单位，有血缘为纽带连接起来的家庭成了传统西藏社会农牧民之间提供保障的主要载体：一方面，老年人离不开年轻子女，年轻子女需要老年人经验的教导；另一方面，大家庭的模式也使社会中个体能够在三大领主剥削以及农奴制束缚的情况下，拥有生命得以延续的机会。

国内目前的养老方式主要有四类，即子女养老、自我养老、居家养老和社会养老。西藏农牧区的老人大部分是在家养老，这体现了家庭的养老功能。在家养老这一模式与传统上讲的居家养老不尽相同，居家养老是一种半社区性质的家庭养老方式，基本弥补了家庭和社区之间的空缺。居家养老的老年人居住在自己家里，社会服务人员提供上门服务，以帮助老年人处理好生活的难题，也提供精神慰藉。而在家养老的模式，从界定视角来看，主要是为区别于居家养老的模式。在家养老并不依靠养老院和社会服务机构，主要是依托自身家庭，要么依靠自己，要么依靠子女，不借助外来人员和社会服务机构。

从老年人的精神需求的角度来看，在家养老模式能够满足老年人对家乡故土的无限眷恋，叶落归根是老年人对在家养老这一方式情有独钟的情结所在。“家”文化、“根”意识已经深深地影响了老年人的行为和养老模式。在访谈中，我们发现林牧区的老年人很难接受“到县里的养老院去养老”，他们“从来没考虑过要离开自己住了几十年的老地方”。虽然更多是因为担心家庭经济负担，但主观上有意愿住养老院的老年人，可谓凤毛麟角。在林牧区老年人的心目中，养老院是国家“为那些无儿无女，无所依靠的人提供的”避难所。

从老年人生理需求的角度来看，在家养老模式能够让体弱多病的老年人得到更好的照料。在经济条件有限、医疗服务和老年人社会服务体系尚不健全的情况下，在家养老是老年人唯一的、理性的选择。在家养老模式中，是选择自己独住还是和子女一起，这主要取决于老年人的子女数和身体状况。老年人通过与子女合住，一则可以减少开支；二则可以获得子女的照料。老年人的身体状况也决定了他是否和子女居住在一起，选择与子女同住的老年人往往身体水平较差，有十分之一的老年人已经处于生活不能完全自理或半自理的状态，在日常生活中迫切需要他人的照顾；但也有一半以上的老年人和子女共同居住是迫于家庭经济条件限制下的经济理性选择，同时也有一些是因为大部分林牧区老年人在家庭中保持着家长地位和决策权威。在个别不与子女居住的老年人中，有些是与老伴一起居住，有些尚能做到生活自理。调研还发现，有极个别的老年人，虽然有五保户政策的基本经济保障，但很需要他人的照顾，然而因为没有了子女和直系亲属，他们而不得不单独生活，这样的老年人的养老状况堪忧。

从老年人收入角度来看，在家养老的优势明显。低收入老年人可以通过在家养老弥补收入方面的不足，而经济收入较高的老年人则可以通过在家养老为家庭提供更多支持，这样既能延续他的家长地位和决策权威，又能扶持家庭的发展。可以说，林牧区老年人的收入水平高低并不能完全决定老年人养老方式的选择范围。访谈发现，林牧区老年人无论收入水平高低，都更倾向于在家养老，这不只是经济支持和物质基础的问题，更多的是家庭习俗和传统文化的长期效用。即便是子女长大成人，仍希望保持大家庭的格局，即使分家了，一家人还是常常聚在一起讨论某一小家庭的重大事项，大家一起出谋划策。家庭作为血缘单位，它不仅是经济生活的基本单位，更是中国人社会生活的基本单位。在林牧区，家庭实实在在地承担着社会的教育功能、控制功能和宗教功能。这也正是“康苏”这一传统文化的力量。

家庭在中国社会的重要作用深刻影响着养老方式的选择。父母对子女的抚养没有时间界限，依赖子女养老是一种心理上期望反哺的养老预期。虽然对大多数老年人来说，父母需要子女孝顺，并不一定是要从子女那里得到多少经济上和物质上的实惠，而是希望得到更多心理上的满足。在现代化的冲击下，林牧区养老方式的选择应结合宗教文化背景下的家族传统，如“康苏”等的强大习俗，而不能单纯模仿内地，更不能照搬西方发达国家的模式。

6.2.2 现代化进程中林牧区家庭养老功能的延续

虽然在现代化理论看来，随着现代化进程的不断推进，家庭将转向核心化、非亲属化，而家庭成员之间的亲属关系就将变成现代化进程的牺牲品。但笔者在西藏林芝地区，与农牧民进行深度访谈，以及与藏区部分大学生、当地民政局相关领导访谈后，发现林牧区农牧民家庭的养老功能在现代化的进程中得到了很好的延续。

就家庭特征而言，在人口老龄化趋势不断加剧的今天，众多学者认为老年人在经济、日常照顾和精神支持方面面临的家庭支持资源减少问题，影响老年人的生活质量（张文娟等，2004；杜鹏等，2004）。但笔者在调查中发现，虽然自20世纪70年代初开始，中国普遍实行计划生育政策，但西藏独特的地域特性，使其在人口政策方面与全国其他地区有所差异，《西藏自治区计划生育管理暂行办法》相关规定显示，在藏工作的汉族干部、职工及家属按国家对干部、职工及城镇居民的要求实行一对夫妇生育一个孩子的政策，但对藏族民众则没有提出明确要求。藏族地区家庭结构以主干家庭为主，子女个数均在2个以上，极少出现独生子女现象。

就同住情况而言，访谈发现，91.2%的藏族老年人与儿女生活于同一村庄（其中，58.8%的藏族老年人与儿女同住），69.7%的藏族老年人每日三餐与子女一同享用（如表6.3、6.4所示）。每日的用餐是满足人们最基本生理需求的重要组成部分，是最简单的日常行为方式，但从心理学角度看，人的活动和行为始终是在有自觉目的的意志支配和调节下进行的，任何行为都是不能脱离文化而存在，最普通的行为背后最有内涵。从社会学角度看，有关家庭代际互动的研究也指出，同住和赡养实际上是相互联系的一个问题的两个侧面，赡养涉及的是在代际关系的实质和内容，同住探讨的则是代际互动的方式及其变化。高比例的同住率以及大家庭的生活结构使得西藏的家庭养老有着延续的基础和前提。

表 6.3 西藏林牧区老年人与子女居住状况调查

Table 6.3 survey on the housing status of the aged and their offsprings in the forest – pastoral area in tibet

		frequency	percent	Valid percent	Cumulative percent
valid	住一起	20	50.0	58.8	58.8
	紧挨着的房子	1	2.5	2.9	61.8
	附近的房子	5	12.5	14.7	76.5
	同一村子	5	12.5	14.7	91.2
	很远	3	7.5	8.8	100.0
	Total	34	85.0	100.0	
Missing	0	6	15.0		
Total		40	100.0		

为了更好地了解林牧区农牧民家庭中家庭养老功能延续的可靠性，笔者在上述调研和观察的基础上，对不同层次敬老院进行了深入调研。结果显示，与现阶段东部地区养老机构床位数有限，难以满足巨大的老年人口需求相反，林牧区养老机构均存在床位数空余的状况。而且，访问民政局相关领导以及深度访谈农牧民的资料同样表明，"在西藏地区，除了没有直系子孙、同时亲属都相当偏远之外，极少出现老年人没亲人照顾"而不得不送去敬老院的情况。"村里的民众

会给不养老的孩子很大的舆论压力，传统就是这样”。这些访谈资讯更加明确了藏民族有着深厚的“家”的理念，在现代化进程凸显的今天，家庭养老功能仍在该地区保存得较为完好。

表 6.4 西藏林牧区父母与子女一日三餐调查

Table 6.4 survey on the meals status of the aged and their offsprings in the forest – pastoral area in tibet

		frequency	percent	Valid percent	Cumulative percent
valid	一起吃	20	50.0	60.6	60.6
	基本一起吃	3	7.5	9.1	69.7
	基本不一起吃	5	12.5	15.2	84.8
	不一起吃	5	12.5	15.2	100.0
	Total	33	82.5	100.0	
Missing	0	7	17.5		
Total		40	100.0		

数据来源：西藏林芝劳动与社会保障局专题调研《西藏林芝林牧区农牧民养老现状与保障体系建设研究》(2009 – 2010 年)

在具体的访谈中，有村干部也表示，他们还是主要相信“养儿防老”，“村里会给不养老的孩子很大的舆论压力”，村委有时候会向老藏民咨询“最佳的耕种时节”等事情。西藏农牧区体现家庭协商、长者为尊的特点。在相当一部分家庭中，老藏民或许年老，没有劳动能力，但可能是由于藏文化意识使然，也可能是由于家庭客观原因的影响，老年人在家中还是具有绝对的主导权。在一些较高收入家庭中，虽然也有以家庭协商为主的形式，但总体上，父母以及老年人还是作为家庭的重要主人，在家庭决策中起到重要的引导作用。平时，在需要帮助的时候，家族内部和邻里间会相互帮助，“家里有 3 亩左右的田地，农忙种地等她有不懂和没法做的事情，大家会教她，会帮忙插秧，收割水稻。别人帮工时，家里负责请吃饭。”

藏族的家庭养老一直是藏文化中不可或缺的一部分，在起源和发展过程中，受藏传佛教和中国传统儒家文化的影响，形成了以代际互惠为内涵的藏区家庭养老的文化模式，并一直深深地植根于藏区特殊的自然环境和文化背景当中。当代社会，虽然现代化进程不断加剧，但藏区农牧民的家庭养老功能得以延续，这是在老龄化趋势下，西藏地区拥有的独特优势。在农牧民养老保障制度的改进过程中，要充分利用这一具有独特地域性、民族性的藏区家庭养老优势，在正式养老保险基础上，因地制宜地构建包括配偶、子女、亲属、邻居、朋友等非正式系统的家庭养老照料体系，使老年人在家庭中得到感情上的慰藉和关怀，同时也能从一定程度上改善我国“未富先老”而带来的养老尴尬局面。

由于西方发达国家建立社会保障的历史长于中国，社会保障的实践探索和理论研究较成系统，因此，我国的社会保障在建立和改革的过程中，往往出现将发达国家实践作为我国实践蓝本、将发达地区实践作为欠发达地区蓝本的状况。通过对西藏林芝地区的调研，笔者认为，虽然“路径依赖”有其价值，但我们更需注重考察不同地区文化的差异性。具体而言，藏区家庭中，家庭成员由于人口学意义上的可获得性和地理学意义上的可获得性，要求藏区在构建养老保障体制的过程中不能照搬东部沿海地区的模式（东部沿海地区家庭存在核心化、空巢化趋势）。我们必须看到，各民族地区的历史、地理、宗教、经济、教育、文化规范、传统习俗和价值观念等有很多共性，但各自的差异性从未消失。藏族的孝文化作为藏文化中不可或缺的一部分，在起源和发展过程中，一直受到藏传佛教和中国传统儒家文化的影响，并形成了以“善事父母”为内涵的孝的理念。这种孝观念经过长期的积淀，已成为藏区人们家庭养老的文化模式，深深植根于藏区特殊的自然环境和文化背景当中，对藏区社会的发展产生了重要的影响。

藏族青年一代作为藏族今后发展的中坚力量，在具有强烈“孝”意识的藏文化的熏陶下，不仅对父母有着最低限度的物质供养，在精神层面，青年一代对父母均有着一颗崇敬之心。而这也正是发展型社会政策的核心，人的生命阶段可分为儿童期、成年期和老年期，不同时期有着不同的需要和问题，但同时，上一个时期的生活质量对下一时期的生活有着非常重要的影响。藏族青年一代浓厚的孝文化观念对西藏地区今后的养老保障发展具有重要的影响。

在西藏还未达到严重老龄化的前提下，针对其浓厚的藏文化中的孝文化理念，其在今后很长一段时期内，适宜实行国家财政支持下的制度养老为主体、藏民族“康苏”文化背景下的家庭养老保障为基础、藏民族“吉度”文化背景下的社区养老保障为补充的养老保障体系。对有一定生活自理能力的老年人，运用非正式系统（包括配偶、子女、亲属、邻居、朋友等）照料，并辅之以正式系统（包括政府、社区所派出的专门人员、志愿者团体或是中介组织等）照料；对生活难以自理或是没有子女或亲属的老年人，建立开放式院舍照料的服务机制，使其能够在日常起居方面享受到社区内专业服务的同时，随时“走出”院舍，“走入”他熟悉的环境。该养老保障体系在传承家庭为主的同时，重视血缘、亲情的优良传统，发扬中华民族的传统美德，使老年人在家庭中得到感情上的慰藉和关怀，同时，让部分需要社区服务的老年人得到适度的专业服务，缓解我国“未富先老”给财政带来的巨大压力。

6.3 社会支持下的“吉度”文化弘扬与社区养老

随着经济社会的发展和计划生育政策的实施，我国家庭的户均人口规模越来越小，家庭户的总数越来越多，西藏自治区也呈现出这一趋势。对比古代中国与这几年内地农村家庭人口规模的变化，不难看出，每个内地农村家庭的人口规模呈递减趋势。家庭户均人口规模的减小，意味着每个家庭平均可获得的社会资源在减少。在抚养责任不变的情况下，家庭户均人数的减少必然加大个人承担的养老责任。从横向看，家庭户均的减少必然导致家庭结构的变化；从纵向看，代际间规模的变化从另一个角度导致家庭结构的变化。第五次人口普查数据显示，户均人口三人以上的家庭占内地农村家庭户总数的78.2%。通过古今数据资料的对比，似乎单纯从数量方面解释家庭养老的形单影只过于牵强，如果结合代际关系分析会更有说服力。众所周知，我国随着21世纪的到来加入了老龄化国家的行列，也就意味着每个家庭老年人的数量增加。劳动力在广大的农村社会和广袤的农牧区都有着重要的作用，老年人数量的增多在家庭户均规模减小的情况下，必然直观地体现在劳动力的减少上，客观上，子女分担的养老责任增加了。

通常认为，一个家庭内部家庭成员的决策权威和家长地位是由其经济地位决定的。中国家庭制度研究中的“合作社模式”（the Corporate Model）似乎更能说明农牧民家庭的家庭结构问题。该模式认为，中国家庭是完全理性的、明确自己利益所在的成员所构成的经济单位。整个家庭共同的财产、收支计划、所有人的收入都必须统统投入家庭里，由“家长”，通常是老年人——这与宗教文化传统和经济地位都有关联，来主持家庭的日常开销和平衡家庭收支。正如上一节所论述的，在家养老是林牧区最顺应宗教文化传统，也是最经济划算的模式。以调研的波密县为例，将老年人送入养老院，一个月至少需要800元，这样一年9600元的固定开销对林牧区农牧民来说是一项很大的开支。这一支出意味着家庭丧失大量资本，农牧民“实在想不出将老年人送入养老院有啥优势”。而老年人在家养老，除了消耗很少的物质和生活资料外，还可以继续主持家庭事务，承担家务和家庭责任，这样在家养老就顺理成章了。

但不容忽视的问题是，林牧区农牧民家庭户均规模的日趋减小，必然使在家养老面临更多的压力和困境，而立足于社区，借助一定的社会服务的社区养老模式尚未成型，在这样的背景下，弘扬吉度文化，推广家庭间的互助，培育立足于社区的养老互助服务甚至社会服务体系，成为下一阶段林牧区养老模式发展的不二法门。

6.3.1 普遍的吉度与普适的互助

宗教作为一种社会现象，群体性和社会性是它的根本特征。涂尔干认为，宗教信仰纯粹通过个人努力是无法维持很长时间的。群体对于宗教信仰的获得和维持不可或缺。涂尔干还认为，宗教事实上是一种被社区成员内化、反过来又约束社区成员行为模式的集体意识。藏传佛教的传播和存续就表现了较强的社区同一性特征，藏传佛教中与人为善，助人自助的教义促进了吉度文化在西藏城镇和农牧区的普遍传播。普遍的吉度本质上就是弘扬普适的互助这一价值观。在西藏农牧区，无论是正式互助组织与非正式民间组织，历来就有互助互救的传统，以一定量的基金，在会员老弱无依、身患疾病或生活困难时给予照顾和帮扶。基金有时还承担宗教仪式的支出，正式的行会成员还享有年金等待遇。

随着林牧区农牧民家庭户均规模的日益缩小，在家养老面临着更大的压力，必须在弘扬吉度文化的同时，进一步推广农牧民家庭间、村落内的互助，进而培育立足于农牧民村落社区的养老互助、社区照顾服务体系。社区照顾主要包括社区内的照顾和社区照顾两方面，社区内的照顾是运用社区资源，在社区内由专业工作人员进行照顾；由社区照顾是由家人、朋友、邻居、社区志愿者提供的照顾①。社区照顾可以说是在西藏特有吉度文化基础上发展起来的社区养老照顾的补充机制。然后，用10到20年的时间，逐步建立起借助一定的社会服务的社区养老模式。

6.3.2 互助从碎片化、分散化到整合一体化

分散化原来是用于分析和衡量地区内工业或经济部门均匀分布的程度，是与集中化程度相对应的指标；金融投资领域有投资分散化和时间分散化原理。本文用分散化来描述与碎片化同时发生着的所有社会变迁的离心运动，体现了传统文化的约束和社会各方力量的离散。

无论是转经还是朝佛，西藏的这些宗教行为大多以个人和家庭为单位，个体化的宗教行为只是体现了个体的宗教情感，即宗教在个体

---

① 杨蓓蕾：《英国的社区照顾：一种新型的养老模式》，《探索与争鸣》，2000年，第42－44页

层面的嵌入程度，群体性的宗教行动才是个体宗教情感的一致表达。在西藏农牧区，互助一直是农牧民个体宗教感情的自然而一致的表达，也一直是传统社会中个人保障自身安全的重要方式。民主改革前，在封建农奴制度的统治下，农牧民和城镇居民的互助体系都为他们的生存和发展起到了重要作用。广大农牧区农牧民主要以部族互助或亲朋好友间的非正式关系来实现群体风险的化解或降低。改革开放以来，为进一步增强群众生产积极性，促进农牧区经济发展，西藏农牧区实行了“两个长期不变”和“以家庭经营为主”的政策。但事实证明，众多农牧民长期受集体经营方式的影响，单独经营难以抵御自然风险，在生产上也有很多不便。有些农牧民缺乏经验，有些农牧民缺乏大型农具，有些农牧民在农忙期间劳动力不足，等等。

在这样的背景下，整合一体化的互助及其体系成为必须。西藏农牧区创建了四种互助合作组织，一是社区型合作组织，主要是在基层政权建设时期建立的乡、村、组。二是群众互助型合作组织，本着自愿互利、平等交换原则实行互助合作生产活动。三是扶贫互助型互助合作组织，主要针对不善于生产经营、安排生活和缺乏劳动力或资金的农牧民家庭，政府采取统分经营方式，达到解决温饱和脱贫致富的基本目标。四是专业生产型互助合作组织①。在这些互助组织的支持下，西藏经济经过一定的曲折发展后，实现了稳步发展，2009年西藏地方财政收入上升至30多亿元②。

不论是在家养老模式，还是下一阶段要发展的社区照顾和社区养

---

① 杨光洪：《试谈农牧区互助合作组织中的几个问题》，《西藏研究》，1993年：第18－22页

② 西藏自治区统计局编：《2010西藏统计年鉴》，中国统计出版社，第75页

老模式，都必须将林牧区农牧民家庭目前碎片化的、分散化的互助行为系统整合，进而推进整个农牧区村落和社区的互助体系。

6.3.3 社区参与：林牧区养老互助的延续

调研中，笔者发现，由于传统文化以及长期以来互助环境的影响，目前农牧民的生活依旧保持着良好的社区互助传统，这就为西藏林芝农牧民养老保障制度改进国家—家庭—社区三位一体结构的形成构建了良好的历史和现实基础。

在实际调研中，笔者了解到，西藏林芝地区的社区互助形式可以分为以下几方面：一是村干部或条件较好的家庭对应帮扶照顾五保户等困难老年人。照料家庭为被照料者提供一定的口粮，如烟酒钱等。医疗方面，调查到的五保户老年人目前身体都比较好，医疗护理方面的问题尚不多见；也有一些老年家庭，由夫妻双方相互照料，村里则给予一定的帮助。二是与老年人居住地较近的亲戚和邻居帮助照顾老年人。在访谈中，有一个五保户老年人单独居住，生活自理能力较差，由一位三十岁上下的小伙子照看（老年人是该青年的父亲的叔辈），同时村里还安排了邻居为主要照看者，为其提供一日两餐等。老年人倘若夜里生病了，由小伙子和村主任负责送老年人去医院。在这一个案例中，由于小伙子个人经济能力等的影响，该五保户老年人生活条件比较艰苦。三是邻里互助。调研中笔者发现，西藏林芝地区普遍存在农牧民之间的“换工”行为，特别是农忙时候，在耕地、脱粒、建房等事情中，更会相互帮扶，大家互相不计算各自报酬，而只提供饮食，同时，在邻居有人生病时，普遍存在帮助当事家庭护送的行为。

而在福利机构中，福利院的主要开支来自“五保供养金”，但也存在互助的行为，如驻地部队时常会来慰问赞助，帮忙搞搞卫生，给老年人理发，提供部分粮食，有时候（逢年过节）部分企业也会给予一点慰问金等。

综上，在西藏林芝地区，长期受到互助合作思想和文化熏陶的农牧民的社区互助基础依然存在，“熟人”社会的概念还能适用，并有一定的普遍性，在林牧区农牧民养老保障制度的设计过程中，充分运用邻居、朋友等团体的作用，延续西藏地区一直以来的互助传统，逐步形成农牧民的社区养老互助体系，有其必然性和可行性，可以将其视为对家庭照料的有效延伸，同时也是对国家照料的有益补充。

第7章　发展导向：林牧区养老模式的实施理念与机制规范

目前，林牧区农牧民依靠国家财政支持下的制度养老已开始重新起步并逐步完善，但养老模式的改进过程还有诸多难点需要攻克。将养老模式纳入老龄事业规划发展，实施理念的积极化、机制构建的规范化等工作，任重而道远。

7.1　将养老体系建设纳入老龄事业规划发展

要实现养老模式实施理念积极化和实施机制规范化，必须考虑将养老体系建设纳入整个社会老龄化事业的规划和发展中来。具体而言，要在老龄事业发展的规划中明确四个方面的要求，确保养老模式的有效实施。一是要提高相关职能部门整体推进老龄事业的战略决策能力。西藏自治区和林芝地区社保和民政部门应深刻认识西藏人口老龄化的严峻性和特殊性，着眼西藏经济社会发展和老龄事业规划发展的全局，努力提高整体谋划水平和战略决策能力，结合本地区实际和部门职能，深入调查研究，积极改革创新，完善养老模式及其保障措施的相关政策，增进林牧区老年人的福祉，推进林牧区养老模式的发展。二是要探索多元化、长效化的老龄事业社会投资机制。首先要逐步完善现阶段以公共财政为主导的多元化老龄事业投入机制，既要坚持发挥财政投入的引领作用，也要广泛吸收民间资本等的参与，进而建立起与经济社会发展相适应、与老龄化形势相契合的长效化的社会投资机制。可以把老龄事业作为林牧区公共服务建设的重点领域，创新投入方式，通过制定优惠政策和扶持措施，鼓励和吸引社会力量的投入。也可以选定林牧区的金融机构支持老龄事业的规划和发展，甚至可以发挥资本市场的融资作用，拓宽老龄事业发展的资金渠道。三是要形成有效的老龄事业监管和激励机制。林牧区在明确了养老模式建设和老龄事业发展目标和任务后，应探索、实践和建立评估、监管和激励机制，确保老龄事业的快速规范发展。还可以通过在林牧区建立老龄产业及其信息服务平台，加强业务指导，提高市场信息对称，促进老龄产业健康发展。四是要提高林牧区各老龄工作机构的履职能力。政府行为取决于政府部门的履职能力，建设好一支综合素质好的老龄工作队伍至关重要。

7.2　积极福利观：实施理念积极化

积极福利政策的核心理念是权利与责任的统一，培养农牧民本身的责任意识和进取精神。很多藏区的农牧民没有工作，依赖政府的资金救助，把时间花在玩扑克、打麻将，甚至是赌博上，不仅花光了政府的救助金，同时生活变得更加贫困；因此政策体系的设计和构建必须注重鱼渔兼授。给予农牧民物质帮助，使他们在年老后能够维持自己的生活状态，但是这不能从根本上改变贫困状态。在发展性政策的视野下，要改“授鱼”为“授渔”，对他们进行人力资本投资。藏区农牧民职业技能缺乏、文化程度偏低，人力资本投资有助于提高劳动者在就业市场的竞争力和收入水平，从而避免低人力资本、低收入的恶性循环。必须重视公民权利。在藏区，个人、家庭的贫困并不只是因为经济的匮乏，更是源于能力不足、机会剥夺以及权利的贫困。有学者指出：“经济贫困的深层原因，更重要的是社会权利的贫困，当然还包括与社会权利相关的政治权利、文化权利和经济权利的贫困。”

7.2.1 从生存型走向发展型

在传统农牧业阶段，由于社会生产力水平低下，林牧区农牧民的生活内容是围绕生存展开的，目的是满足衣、食、住、行等基本生存需要。改革开放后实施的“包田到户”的联产承包责任制，确保了土地归户使用政策的稳定性，西藏畜牧私有私养长期不变政策的落实，农牧民生产力水平不断提高，可供消费的物质财富日益增长，直接用于生产劳动的时间越来越少，进而，农牧民生活中更多的花费和精力可以用于个人的享受、提高和发展。随着消费结构的改善，生活内容也逐渐丰富，农牧民个人的选择空间也日益扩大。西藏改革开放以后，随着农牧民收入的不断提高，农牧民需求层次也在不断提高，生活消费结构向更加合理的方向发展，食物消费在全部消费支出中的比例有所下降，动物性食物及水果、蔬菜的消费有所增加；自给性的初级产品消费有所减少，商品和加工产品的消费有所增加。

访谈中发现，农牧民生活消费品的各项支出所占比例也在不断变化，与小城镇上的居民的情况逐渐趋于接近。城乡消费支出结构的接近，说明西藏农牧民和城市居民消费观念正趋同一，而消费观念的变化直接影响和改变着人们的生活方式。随着经济发展和家庭经济条件的改善，林牧区农牧民的饮食结构发生了较大变化，逐渐变得充足、多样而富有营养，加上与周边城镇、主要城市的联系增多，受城镇和周围林场、旅游地、厂矿等城镇人员的影响，农牧民的饮食方式也逐渐复杂、多样化。与此同时，衣、食、住、行以及日用品等的消费也逐步趋于增长，文化娱乐等非日常必需品的精神消费支出，在消费支出所占的比重明显具有逐年上升的趋势。各种高档耐用消费品，如电视机、洗衣机、录音机、录像机、汽车、摩托车等逐步进入农牧民家庭；唱卡拉OK，跳交谊舞，打台球，看电视、电影和录像等已成为越来越多西藏青年人的时尚娱乐和休闲方式，并逐渐在广大农牧区流行起来。

林牧区农牧民消费水平的提高和消费结构的改变对藏区经济发展具有举足轻重的作用。一方面，消费总量的增加必然扩大市场需求和刺激生产发展；另一方面，消费水平的提高和消费结构的改变，必将对生产结构产生牵引推动作用。西藏各地的非农牧产业，特别是旅游业等第三产业的发展，有赖于农牧民商品性和非实物性消费的增加，这也是促进农牧民生活向发展型转换的一项重要内容。从整个西藏农牧区的现实出发，必须大力发展农牧区经济，增加农牧民收入，改善农牧民生活，在合理引导农牧民消费升级的同时，努力增加生产性积累和经营性投资，充分发挥消费在激活市场和提高农牧民素质方面的重要作用。

7.2.2 从封闭型成为开放型

由于长期以来自给自足的自然经济和分散而孤立的社会结构，自治区农牧民的家庭观念很强，大部分生产方式和生活行为都局限在家庭内，具有很强的封闭性特征。必须依靠现代化的生产方式及生活方式带动农牧民家庭从封闭型逐渐走向开放型。

农牧民家庭人口素质方面，应该逐步从数量增长向质量提高和素质提升转型。过去，为了抗御自然灾害，传统的农牧民家庭生育子女越多，劳动力才能越多，才能保持家庭劳动力数量和经济实力，才能确保本村落和社区的基本地位，为此，农牧民家庭不得不要求多子多福。但随着自治区经济社会的全面发展，现代社会逐步改变了人们的生育观念和行为，西藏地区的总和生育率也开始出现下降，虽然国家对西藏等藏区依然实行照顾政策，允许一对夫妻生育 3 个孩子，但访谈发现，林牧区大部分年轻家庭都生了两胎或只愿意生两胎，生男生女的区别更加淡化。

农牧民家庭的行为目标方面，也应该从内向型逐步转变为外向型。随着市场化的日趋深入，自治区的很多农牧民家庭的生产经营活动不再根据家庭消费需要来设定，而是开始主动适应市场的变化和需求。在农牧民家庭的生活方面，随着收入水平的提高和消费结构的变化，局限于家庭内部，得以满足的需要越来越少，花钱购买由社会提供的产品和服务的现象开始普遍起来。这种开放式的循环，有助于增强家庭的稳定性，扩大家庭的社会功能。

另外，应该在政府的引导下，逐步提高林牧区社会的组织化程度。由于家庭的稳定性和封闭性逐渐降低，林牧区农牧民对以家庭为基础的血缘和地缘组织的依赖性也在逐渐降低，而农牧民与市场的联系却在不断增多。在社会活动和市场活动中形成的大量社会组织，如科普协会、扶贫协会与合作经济组织等，对农牧民生产和生活的影响日益增加，客观上，这些组织促进了农牧民观念和行为的市场化和社会化。随着林牧区农牧民家庭关系中自由平等的意识开始出现，应该鼓励、引导这样的意识，从而打破传统农牧民家庭封建宗法观念和习惯对家庭成员的束缚。如随着经济社会的发展和家庭的开放，逐步改变和提高林牧区妇女在家庭中的地位，让妇女接受到更多更好的教育，并逐步走向社会，更好地融入社会。

7.2.3 从被动型转向主动型

传统的市场方式和生活方式下，西藏农牧民的社会行为往往是保守而被动的，特别是在佛教传入的一千多年里，佛教思想对藏族伦理观念影响巨大，这也体现在藏族传统文化和习俗中。“人生唯苦”“四大皆空”“生死轮回”“因果报应”等教义，令人们在生活中缺乏进取心，更趋于安于现状。“慈悲行善，忍辱无争”“佛法无量，乐于施舍”等教义，又让农牧民习惯于循规蹈矩，忍让退避。在高原缺氧等自然条件影响下，慢节奏的生活和行为习惯，使生活缺乏活力和创新动力。社会生活的单一化，形成了西藏传统社会非常稳定的社会系统。

随着改革开放政策和全面援藏政策的实施，现代化和市场化的影响提升了农牧民的社会流动性。农牧民的职业角色比过去更多了，过去农牧民就是农牧民，没有什么变化，而现代农牧民却面临城市化的机遇，许多农牧民离开了祖祖辈辈坚守的土地和农牧业。即使从事农牧业的农牧民，他们在农牧业以外的领域，职业角色和其他职业相比没有本质的区别，很多农牧民在农闲时，就到其他行业和领域务工，或者临时就业。

随着职业角色的日趋多样化，农牧民更容易理解不断发生和日益加快的经济发展和社会变革，不断增强自身的适应能力，农牧民的社会角色也开始呈现出多样化的趋势。传统农牧民的社会角色十分单一，主要是家庭角色。随着生活方式的变化，农牧民不仅承担了家庭角色，还要承担农牧区市场的经营者，农牧业技术的学习者和应用者等一系列社会角色。当林牧区的农牧民在销售林下资源产品时，他们必须不时地在商店、银行、集市等市场经济的场域中穿梭。农牧民社会角色的丰富迫使他们主动走入社会，融入社会，建立自己的社会地位。

在社会角色多样化的基础上，农牧民社会地位的流动性也在不断增强。随着经济快速发展和社会的不断变革，已有大批农牧民向非农牧业转移。这些农牧民通过参与市场经济竞争，逐渐改变以往被动的社会地位。调研发现，许多农牧民活动的区域迁移和流动性正在增强，他们越来越主动地参与到经济活动和社会发展中。随着农牧民生活方式的现代化，他们离开家乡的机会更多了，日常生活和经济活动的半径开始超过林牧区村落的封闭界限，不少农牧民经常到城镇和外地进行劳务和经商，挣到充足的资金后再回到家乡。显而易见，农牧民的地域流动和迁移对促进林牧区社会的开放、交流和发展起了十分重要的作用。

7.3　实施机制规范化

7.3.1　控制与整合：完善林牧区养老法律制度体系

在藏区养老模式的机制建设中，不仅需要在理念和运行的规范性上有所调整，还需要在运行中有强有力的管理和监督机制。自治区应不断完善家庭养老方面的各项规章制度，使家庭养老从伦理走向制度化。应加快制定和完善符合西藏各农牧区实际的地方性老年法规和相关条例，增强《老年法》的适用性和可操作性，把养老敬老问题纳入林牧区村落和社区规范，由村委会负责实施、群众监督执行，使林牧区养老敬老走上制度化、规范化的轨道。建立和健全农牧民家庭赡养协议书和敬老保证书的签订和检查兑现制度，落实子女赡养父母的法律责任。

对极个别不尽赡养义务甚至遗弃老年人的子女，要进行批评教育。对丧失子女和直系亲属的林牧区老年人，统一由县或乡（镇）有关组织送县级或乡镇福利院供养，所需养老费用由乡（镇）、村财政承担。一旦有虐待老年人的子女出现，则交由乡镇政府及民政部门，由其给予道德谴责和经济处罚，如果涉及触犯刑律的，则由司法部门来追究其法律责任。

另外，从国家的层面讲，应将养老问题纳入人口管理范畴，进而与计划生育政策一道列入基本国策。事实上，养老与计划生育问题是当前我国人口问题中不可分割的两个方面，但现行的人口政策只重计划生育，各级政府只注意抓这一问题，而忽视养老问题。考虑到国家对西藏少数民族生育的鼓励政策，自治区计划生育的工作并没有太大压力，应该将更多中心转移到农牧区老年人养老问题上。

7.3.2 管理型政府向服务型政府的转变

西藏在民主改革后，西藏城镇相继由国家投资兴建了一大批工矿企业、商业、学校、医院、交通运输企业、金融、邮电通信、电力等，社会主义公有制的经济实力有了进一步的壮大，对其进行管理的体制是高度集中。西藏的社会保障政策开始模仿苏联模式，即国家保障模式：个人不用缴费，由国家负责，主要由各级工会组织实施管理。在国家机关、事业单位工作人员供给制待遇基础上，颁布了一系列法规，逐渐对西藏国家机关、事业单位工作人员的死亡抚恤、医疗、养老、生育等采取了保障措施。

就经费来源方面，中央给予西藏财政补助收入包括一般预算补助收入和中央部委对口补助两种。在吐蕃王朝建立初期，西藏就有地方财政收入，收入的主要来源为王田和各地区奴隶主及其属民的租税。现在国家的一般预算补助收入是西藏自治区地方财政收入以外，中央按照不同历史时期财政预算管理体制所确定的政策原则、预算指标，对西藏自治区实行的体制补助、专项补助（固定专项和临时专项）、转移支付补助、结算补助、税收返还以及其他一般预算补助等收入，它构成西藏财政的总收入（如表 7.1 所示），并成为西藏自治区财政收入的主要来源。据统计显示，1952—2000 年，中央对西藏的一般预算补助资金累计达 478.5 亿元，占西藏累计财政总收入 92.7%。

表 7.1　西藏财政收支情况（万元）

Table 7.1　Financial revenue and expenditure in Tibet

年份	总收入				总支出	
		地方财政收入		国家财政		一般预算支出
			一般预算收入	补助收入		
1952	1305	258	—	1047	971	—
1959	13302	2190	—	11112	7010	—
1965	14044	2239	—	11805	11313	—
1970	16203	-2142	—	18345	10613	—
1978	47063	-1558	—	48620	45734	—
1979	49236	-2205	—	51441	49996	—
1980	54131	-5973	—	60104	46602	—
1985	99735	-6037	—	105772	102941	—
1986	94938	-741	—	95679	89749	—
1987	101707	-353	—	102060	91341	—
1988	103303	-226	—	103077	104766	—

续表

年份	总收入				总支出	
		地方财政收入		国家财政		一般预算支出
			一般预算收入	补助收入		
1989	125095	1380	—	123715	119231	—
1990	128470	1810	—	126660	129242	—
1991	139694	2325	—	137369	150018	—
1992	157270	10869	—	146401	166120	—
1993	189868	15601	—	174267	216012	—
1994	309781	14235	—	295546	302998	—
1995	334940	21500	—	313440	348749	—
1996	336502	24388	24141	312114	381195	368458
1997	386989	38254	29537	348735	390961	381952
1998	459820	44273	36393	415547	461966	453225
1999	627292	54581	45731	572711	544223	532544
2000	699222	63265	53848	635957	616108	599693
2001	1018566	73790	61108	944776	1062067	1045690
2002	1398795	87325	73082	1311470	1398904	1378433
2003	1387906	100342	81499	1287564	1481966	1459054
2004	1479554	119899	100188	1359655	1360690	1338335
2005	2058670	143330	120312	1915340	1891612	1854502
2006	2229029	172682	145607	2007860	2023024	2001969

续表

年份	总收入				总支出	
		地方财政收入		国家财政		一般预算支出
			一般预算收入	补助收入		
2007	3101337	231437	201412	2804127	2793631	2753682
2008	3864431	285872	248823	3578559	3840173	3806589
2009	5018573	309108	300894	4709465	4711288	4701322

数据来源：西藏2010年西藏统计年鉴（西藏自治区统计局编，中国统计出版社），第75页

虽然长期以来政府行政管理无处不在的管理方式为西藏的发展带来了意想不到的收获，但在市场经济体制不断完善的今天，单纯的管理型政府已难以满足发展的需要。政府职能由管理型向服务型的转变是我国行政管理职能转变的总方向，也是建设和谐社会的体制保障。所谓服务型政府，并不是否认传统意义上政府社会事务的管理职能，而是否定一种以行政权力为中心的重管理、轻服务的管理模式①。在服务型政府导向中，政府更注重的是符合发展型社会政策理念的社会投资、可持续发展意识，在农牧民的保障方面，政府不仅仅是物质资源的提供者，更在其中起着重要的引导、推动和支持作用。具体而言，服务型政府的特点包括：在行政目标上，注重有限政府下的行政管理领域缩减，政府更多地考虑增加改善人们生活质量的公共品，为人们提供更多的就业、社会保障等，倡导过程公平重于结果功过，保护弱

① 庄晓春：《从管理型政府向服务型政府的转变》，《中共四川省委省级机关党校学报（新时代论坛）》，2004年：第51-53页

势群体；在行政手段上，强调民主、合作、协商；在行政立法上，注重统一、规范、透明、民主；在行政效率上，以高效代替低效、无效，机构编制合理、组织设置科学、部门职能协调、权限划分明确、程序透明简化、办事方便快捷；在行政权的控制上，做到依法行政，不越位、错位和缺位。在调研中，笔者发现，有部分农牧民对新型农村养老保险存在一定的质疑。其中包含多方面原因：一是传统意识的影响，由于西藏地区农村人们收入水平较低，受教育程度也较低，“养儿防老”观念根深蒂固；二是政府宣传力度不够，由于西藏地区农牧民主要的交流语言是藏文，在语言交流存在障碍的情况下，会影响农村社会保障制度相关政策的实施与推广；三是农牧民在经历了 20 世纪初养老保险的失败后，存在担心政策变化、担心以后政策不兑现、担心基金贬值、担心政策执行过程产生失误等，这些都是对养老保险体系不信任的体现，如果在之后的过程中，政府更加以服务型、可持续发展的理念进行相关的新型农村养老保险服务，在之后的配套措施中，对法律体系不完善，基金保值增值难等方面加强建设，那么在新型农村养老保险中农牧民参保的积极性以及林牧区养老本身上都将大有裨益。

7.3.3 家庭“张力”在养老模式中的支持

在中国漫长的历史长河中，老年人的养老一直与家庭息息相关，老年人教导年轻人一些实践经验，为年轻人提供各种信息资源，并得到家庭成员的尊重，从家庭成员那里得到各种生活资源和所需要的照料。其中，在经济上，家庭中的晚辈用自己的一部分劳动收入供养长辈，在生活上照顾长辈的生活起居，在精神上，和老年人提供有效的沟通交流，做到尊重父母、理解父母、体贴父母，使他们充满温情与欢乐。

在社会的变迁中，虽然现代化理论指出，现代化进程的推进会使得家庭日益核心化、非亲属化，家庭养老会不断衰退。但西藏农牧民的传统以及调研中的发现都表明，无论是在家庭结构、家庭关系，还是在日常物质生活消费、日常精神生活消费等方面，家庭与互助的观念还一直深入人心。当林牧区家庭在本村有亲属时，即使她生活能自理，国家也会给予补贴，同时家里依旧会定期去看望她。“如果村里出现不愿意照顾老年人的情况，村里的会给不养老的孩子很大的舆论压力”“这里的传统就是这样。村里都很尊敬老年人”“大家无论收入高低，均在自家中饲养猪、鸡等，如果有不懂的，就去问一些老藏民”“生病时，主要由大儿子送医院照看，弟弟妹妹也会帮忙照应”，从人们的各种不同回应中，可以看到林牧区的传统文化氛围，还是相当强调家庭意识的，在西藏还未达到严重老龄化的前提下，结合其浓厚的藏文化特色，在今后很长一段时期内，在强调新型农村养老保险的同时，必须进一步突出家庭养老与社区养老相结合的模式（即以社区内照料为主，由社区照料为辅）。在经济方面，加快农村经济发展，增加农民收入，提高家庭养老经济支持功能；在政策方面，进一步强化家庭养老意识，用法律规范家庭养老，使自发变为自觉、道德约束变成法律约束，这将对老年人感情上的慰藉和关怀，以及缓解我国“未富先老”给财政带来的巨大压力有重要作用。

7.3.4 “准市场”模式的开发与应用

（1）推进金融创新，实现养老基金保值增值

在人口老龄化进一步加深、资本市场不断发展的背景下，养老基金的保值增值更是关注到整个社会的保障制度，特别是农村养老保险制度的可持续发展。鉴于调研中，有部分农牧民对长期社保基金的忧虑，本文认为，虽然西藏地区的市场经济不尽完善，但还是要在一定程度上推进金融创新，实现自治区本身养老保险的保值增值。

就全国社保基金而言，自 1984 年我国养老制度改革以来，养老基金迅速增长。1997 年，国务院发布《国务院关于建立统一的企业职工基本养老保险制度的决定》（以下简称《决定》），其中规定：“基本养老保险实现收支两条线管理，要保证专款专用，全部用于职工养老保险，严禁挤占挪用和挥霍浪费。基金结余额，除预留相当于 2 个月的支付费用外，应全部购买国家债券和存入专户，严格禁止投入其他金融和经营性事业①。”《决定》的颁布从一定程度上保证了我国养老保险基金的安全和完整，但同时也导致了其收益率低，难以实现基金的保值增值。

2001 年，经国务院批准，财政部、劳动和社会保障部发布了《全国社会保障基金投资管理暂行办法》（以下简称《办法》），其对我国社保基金的投资渠道进行了一定的扩充，并规定全国社保基金的投资比例：银行存款和国债投资的比例不得低于 50%，其中银行存款的比

① 国务院关于建立统一的企业职工基本养老保险制度的决定（国发〔1997〕26 号）：http：//www. sdpc. gov. cn/jyysr/zcfg/t20050714_ 35691. htm

例不得低于 10%；企业债、金融债投资的比例不得高于 10%；证券投资基金、股票投资的比例不得高于 40%。《办法》还规定：在基金建立的初始阶段，减持国有股所获资金以外的中央预算拨款仅限投资于银行存款和国债，条件成熟时可报国务院批准后改按上述规定比例进行投资[①]。至此，全国社会保障基金的投资收益率在大部分情况下均处于正值（如表 7.2 所示[②]），但 2008 年，由于经济危机的影响，社保基金的收益率出现了大幅度波动，由此引起我们对养老保障基金投资于资本市场、实现其保值增值的反思。

表 7.2　2001—2008 年全国社会保障基金投资收益情况

Table 7.2　the investment income of Social Security Fund from 2001 to 2008

年度	名义收益率（%）	通货膨胀率（%）	实际收益率（%）
2001	1.73	0.7	1.03
2002	2.59	-0.8	3.39
2003	3.56	1.2	2.36
2004	2.61	3.9	-1.29
2005	4.16	1.8	2.36
2006	29.01	1.5	27.51
2007	43.19	4.8	38.39
2008	-6.75	5.9	-12.65
几何平均数	8.98	2.34	6.64

资料来源：潘孝珍．实现我国社会保障基金保值增值的路径选择［J］．山西财政税务专科学校学报，2011（8）：12-16.

---

① 全国社会保障基金投资管理暂行办法发布：http：//www.people.com.cn/GB/shizheng/3586/20011219/630712.html

② 潘孝珍：《实现我国社会保障基金保值增值的路径选择》，《山西财政税务专科学校学报》，2011 年第 8 期：第 12-16 页

现代资产组合理论表明，运用各种具有不同风险收益特征的资产进行分散化投资，可以使我们在安全性和收益性之间找到一个最佳的平衡点。多样化、分散化的投资不仅保证养老基金的盈利性，而且分散、降低了投资风险，保证了养老金的安全性以及流动性①。

从国外的经验来看，国外一直采取的都是多种投资组合相结合的形式（并对某些行业有一定限制）：英国在1989年到1998年间，其基金投资形式就有股票（英国股票、海外股票）、债券（固定利息债券、指数化债券）、现金、不动产等（如7.3所示②），并规定：养老金基金自我投资（以股票形式）不能超过其资产的5%。

表7.3　英国养老金基金的投资与收益

Table 7.2　the investment and return of old age pension fund in Britain

年代	英国股票	海外股票	金边债券（英国政府的固定利息债券）	英国政府的指数化债券	海外股票	现金	不动产
（1989—1998）年均收益率	15.9	10.7	13.9	10.4	9.8、	8.8	7.2
10年的实际收益率（扣除物价上涨因素）	11.8	6.6	9.8	6.3	5.7	4.7	3.1

资料来源：唐旭，Baljit Vohra，杨辉生：中国养老基金的投资选择［J］. 金融研究，2001（11）：54-61.

① 黄顺祥：《养老基金投资的国际经验》，《经济专刊》，2002年第6期：第6-10页

② 唐旭、Baljit Vohra、杨辉生：《中国养老基金的投资选择》，《金融研究》，2001年第11期：第54-61页

波兰的《养老基金组织运营法》（1997年8月28日颁布）对养老基金的投资活动进行了限制，禁止养老基金投资于下列工具：由管理基金的养老金管理公司发行的金融工具；由管理基金的养老金管理公司的股东发行的金融工具；由与养老金管理公司或其股东有关的实体发行的金融工具。养老基金不能够向下列组织或个人出售和购买资产：管理基金的养老金管理公司；管理层成员或监事会成员；养老金管理公司的雇员及亲属；养老金管理公司的股东；与养老金管理公司有关系的公司或与其有附属关系的公司；养老基金的托管银行。

这些都从一定程度上向我们展示了创新金融工具，进行资金保值增值时所需要关注的问题，就西藏地区而言，由于相关金融工具不发达，保值增值的压力更显严峻，因此，除了进行特定的银行存款，西藏地区在农村养老保险的基金方面还需要进一步开发新的投资方式，如银行债券等，以切实保障农牧民的利益。

（2）扶持旅游业等第三产业发展，增加农牧民可支配收入

管理机构健全，但旅游资源开发，尤其是旅游扶贫开发工作尚在推进。林芝地区位于西藏自治区的东南部，雅鲁藏布江中下游，素有“西藏江南”之称。1987年，林芝地区旅行游览观光事业管理局成立，到2000年6月，林芝县成立林芝县旅游局，县所辖范围内的旅游行政管理职能由所在县人民政府办公室行使①。在随后几年时间里，波密县、察隅县也相继成立旅游行政管理机构。虽然近年来，林芝地区就其旅游优势取得了一定的成果，但从整体上看，林芝地区的旅游产品以观光旅游为主，缺少开发和创新；基础设施与配套设施不够，旅游

① 林芝地区地方志编纂委员会：《林芝地区志》，《中国藏学出版社》，2006年版，第390页

交通基础设施较差；高素质旅游专业人才缺乏；旅游企业规模小；旅游景区多功能开发欠佳[①]。调研研究也表明，在农牧民收入与旅游资源的开发利用方面，还未达到平衡状态，在今后的发展中，在增加农牧民收入方面，应该更进一步加大农牧民培训、藏家乐项目民居改进、藏马队筹建等软件建设工作，从而获得更大旅游收益，提高附近农牧民的收入。

---

① 师学萍、曹志翔：《西藏林芝旅游产业创新发展研究》，《经济研究导刊》，2008 年第 10 期：第 204 – 205 页

第8章　惠民增能：林牧区养老模式及其保障基础的路径选择

林牧区的养老模式无论是从宏观经济的角度，还是从发展型社会政策的视野来看，都必须密切联系林牧区养老模式的实际和实践，选择好实施养老模式及其保障基础的战略路径。第一步必须采取国家投入、政府主导、家庭为辅的输血模式。第二步则以家庭支持为基础，国家投入为支撑的造血模式。第三步则以家庭支持为主，地方经济自身发展为支撑，国家投入为辅的可持续发展模式。具体而言，在战略的选择上，笔者认为首先要注重经济社会协调发展，改善农牧民生产生活条件；其次要致力于提高公共服务能力和均等化水平，增强自我发展能力；最后，在可持续发展上，要善于培育有地方特色的战略支撑产业。

8.1　林牧区老年人养老模式的初步实践

自2009年9月4日，国务院颁布的《关于开展新型农村社会养老保险试点的指导意见》明确提出，“2009年下半年开始，国家先在全国选取10%左右的县（市、区、旗）进行新型农村社会养老保险试点，逐步扩大试点，到2020年前基本实现农村社会养老保险全覆盖”，这一要求提出后，2009年12月19日，西藏自治区人民政府印发《关于开展新型农村社会养老保险试点实施方案》（藏政发〔2009〕77号），要求各地区建立健全与社会经济发展水平相适应，与其他社会保障制度相配套、保障农牧民居民年老基本生活的农村社会养老保险制度，制定了适合西藏地区的实施细则，并对“老农保”与“新农保”制度进行了一定衔接。

2010年5月中旬和下旬，笔者再次与林芝地区劳动和社会保障局一起深入林牧区进行调研，在汇总两份调研报告的基础上，林芝地区社保局结合国家和自治区的文件，整合原有工作基础，制定了《林芝地区关于开展新型农村社会养老保险试点工作实施方案》，进行试点推进。

从具体制定的《林芝地区关于开展新型农村社会养老保险试点工作实施方案》看，它不仅明确了指导思想、基本原则、目标任务；参保范围、基金筹集、建立个人账户；养老金待遇、待遇调整；基金管理和监督、经办服务管理和相关制度衔接等，同时还对具体实施步骤、领导落实责任和舆论宣传等多个实施环节做了相应规定。

在基金筹集上，新农保基金由个人缴费、集体补助、政府补贴构成。个人缴费上，设每年100元、200元、300元、400元、500元等五个缴费档次，参保人可根据自身实际自主选择档次缴费，多缴多得。集体补助上，有条件的村集体应当对参保人缴费给予补助，补助标准由村民委员会召开村民会议民主确定。鼓励其他社会经济组织、社会公益组织、个人为参保人缴费提供资助。政府补贴上，政府年人均给予缴费补贴30元。对重度残疾人按最低缴费标准由自治区、地（市）和县财政全额补贴，同时鼓励重度残疾人根据自身实际缴纳保险费。调研中，农牧民对养老保险的个人缴费预期多表示在每人100元或以内，因此，在今后的发展过程中，更细化缴费档次将会更符合林芝地区养老保障制度改进实际。

在养老金待遇上，养老金由基础性养老金和个人账户养老金组成，支付终身。其中当参保人到达符合领取基本养老金条件时，由政府全额支付新农保基础养老金，每人每月55元。西藏自治区根据经济发展和物价变动适时调整新农保基础养老金的最低标准。个人账户养老金标准是个人账户全部储存额除以139（与现行我区城镇职工基本养老保险个人账户养老金计发系数相同）。参保人死亡，个人账户中的资金余额，除政府补贴外，由继承人依法继承。基础养老金的支付方式，以及在调研中展现的、当地农牧民对林芝地区举行首批新农保基础养老金发放仪式的评价，都充分展现了本次新型农村养老保险政府主导下的“普惠制”特征以及收入补充型的定位，同时该定位的实现也得到广大农牧民的广泛好评。

在基金的管理上，林芝地区以及其下属各级财政和劳动保障部门严格按照国家规定，对新农保基金进行管理监督，严格执行社会保险财务管理规定以及财经纪律。财政部门制定和完善新农保基金管理办法，建立健全新农保基金的财务和会计制度。具体而言，新农保基金纳入社会保障基金财政专户，实行收支两条线管理，单独记账、单独核算、专款专用，做到任何部门、单位和个人不挤占挪用，并按规定实现保值增值，定期披露新农保基金筹集和支付信息。

在服务方面，林芝地区完善地、县两级行政、经办机构。在地区层面设立农保科，县级层面充分明确农保职责以及经办人员，适时成立新农保经办机构，或是在现有社会保险经办机构中充实经办工作人员，专职负责新农保工作，乡镇级层面确定社保专职人员，村设专（兼）职协理员，确保新农保工作的推进。另外，考虑到记录资料的丢失等问题，林芝地区在开展新农保试点工作中，不仅要求社会保险经办机构及时认真记录农村参保居民参保缴费和待遇领取情况，为每位参保人建立参保档案，对农村居民的参保记录一生、跟踪一生、服务一生，并长期妥善保存，同时，还根据自治区统一部署，建立地区统一的信息网络系统，按统筹城乡社会保障制度要求，纳入“金保工程”建设范围，统一软件，统一工作流程，为农村居民参保缴费、待遇领取和信息查询提供优质、高效、便捷、规范的服务。

在相关制度的衔接上，林芝地区主要做法与自治区统一规定相一致，在试点县，对于已参加了老农保、年满60周岁且已领取老农保养老金的参保人，同时享受新农保基础养老金；对于已参加老农保、未满60周岁且未领取养老金的参保人，将老农保个人账户资金并入新农保个人账户，并要求参保人按新农保的缴费办法和标准继续缴费，符合规定领取养老金条件时享受相应待遇。

在具体试点工作中，林芝地区主要从前期准备、宣传动员、组织实施、总结考核推动新农保试点。

2010年5月，林芝地区成立了由地区行署分管副专员任组长，相关部门分管领导为成员的新农保试点工作领导小组，领导和协调林芝地区新农保试点工作，研究制定地区实施新农保制度，督促检查制度的落实情况、总结评估工作，并协调解决工作中出现的问题，特别是注重加强新农保在资金落实过程中的督查。各县政府也同样成立了新农保工作领导小组，负责本县的新农保工作。各级劳动保障部门履行新农保行政主管部门的职责，会同有关部门进行新农保的统筹规划、统一管理、综合协调等工作。在此期间，地区新农保试点工作领导小组办公室牵头、组织对试点县新农保经办人员进行了业务培训；县新农保试点工作领导小组对乡（镇）新农保经办人员进行了业务培训；乡（镇）对本乡（镇）的各行政村配备的协理员进行了业务培训。各级业务经办人员，要切实掌握好新农保试点工作方案、工作政策和工作流程，为新农保的推进奠定了坚实的基础。

2010 年 5 月开始，林芝地区大力宣传新型农村社会养老保险制度。通过运用电视、广播、报刊等宣传媒体，采用开辟专栏、印发资料、设立咨询等辅助宣传形式广泛宣传发动，让新农保制度家喻户晓、人人皆知，与此同时，组建宣传小分队，深入田间地头，深入农牧民家中，帮群众算账，把政策讲明、道理讲透、好处讲清，充分调动广大农牧民的参保积极性、主动性，引导适龄农牧民积极参保。

2010 年 6 月开始，林芝地区正式逐步开始对各县进行组织实施，林芝地区各县组织工作组，深入农牧民家庭开展调查摸底，掌握农牧民村落人口数量、年龄结构、身体状况等基本情况。并遵循“送政策上门，送服务到家”原则，对政策宣传、参保登记、资格认定等实行“一条龙”服务。在收缴保费方面，采用的是农行服务平台，为 60 周岁以上人员开设账户，办理新农保银行存折，实现缴费方式的多样化发展。

8.2 林牧区养老模式及其保障基础的实施路径

西藏目前依靠中央政府投资和转移支付，以及各兄弟省市支援，由外部输入实现了一些指标的现代化，如人均 GDP 等，拉萨、日喀则、八一等城镇也在外部帮助下建起了现代化城市的雏形。通过转移支付等方式，中央保证了西藏人民维持与全国人民一样的经济水平和生活水平。但这种外部注入型的“现代化”，存在很多问题。首先，随着全国人民平均生活水平的提高，要使西藏人民达到同样的水平，中央财政的负担将会越来越重。其次，全国还有比西藏生活水平低的地区和民族，如果长期对西藏实行特殊的输入政策，客观上有可能引起其他同样发展水平地区和民族的经济失衡、社会失衡和心理失衡，进而形成对中央财政转移支付要求的过高心理预期和攀比行为。再次，长期输入式的经济，也不能形成西藏与内地分工协作的自我积累和自我成长的经济体系，反而会形成依赖型经济，使西藏的经济丧失经济竞争能力和自我发展潜力。

在西藏发展初期，中央财政和援藏政策支持西藏基础设施和公益事业建设，是非常必要的；在发展中期，中央财政一定的投资和转移支付，也是必要的；但是从长远来看，必须形成一个逐步减少外部输入、强化西藏自身发展能力的经济体系，从而实现西藏经济和社会发展的现代化。必须看到的是，如果不培养西藏自身发展的积累和投资能力，长期主要依靠中央财政和各省市投资注入推动西藏发展，中央财政是负担不起的。

由于自然条件等方面的原因，西藏吸引外部资金的难度较大。但是，难度再大，也要考虑吸引国内社会资金入藏的方式和政策。中央财政资金与社会资金在西藏发展的投入方面应当有所侧重。中央财政和援藏政策资金主要用来改善交通、能源和城市的基础设施建设，社会资金则应该用来投入企业和生产经营类产业的发展。这样才能减轻中央财政负担，同时又培育西藏自身发展能力，还能分散西藏发展企业和生产经营产业的风险。

对于西藏而言，建立一个长期外部输入推动的依赖型经济和社会发展模式是不切实际的。必然是短期以外部输入推动为主，中期以外部输入和内部积累推动相结合，长期以内部积累推动的动态经济发展模式。也就是说，西藏必须走出一条自我发展的现代化道路。西藏发展还是要通过调动全国的社会资金入藏，形成西藏自身积累和投资能力，在比率上逐步减少中央和各省财政注入，相应地加大西藏的自我积累和发展能力，最后以自我发展为主。

就目前而言，从资本要素投入的角度讲，西藏产业结构演进与中央财政支持的关系异常紧密，经过50多年的建设，财政自给率还只有10%左右，属于供给型或者依赖型经济，经济增长主要依靠国家的投入。从劳动要素的投入角度讲，西藏劳动力的成长和劳动力的配置等尚存短板，西藏劳动力素质较低、配置不合理等因素是导致产业发展缓慢、产业结构不合理的重要原因。我国作为发展中国家，在“未富先老”的发展阶段进入老龄化社会，要想建立一套过于“慷慨”的养老保障体系，没有可能，也不现实。政府应该建立一套行之有效的、可持续的基本养老保障体系，防止出现老年贫困问题。如对城乡没有养老保障的老年人发放适当的福利养老金或老年津贴，解决他们的贫困问题。政府财政投入支持建立基础养老金部分，这样可以提高个人参加养老保险的积极性。

自治区应该根据中央的政策，采取整体设计推进，建立一个普惠的基本养老金制度，保障所有林牧区老年人得到高于贫困线的生活水平。基础账户养老金的筹资，不能依赖林牧区的农牧民的个人缴费，而必须由政府通过一般性的税收，进行财政收入的转移划拨。如果按农牧民人均纯收入的四分之一为基础养老金账户筹资，那么，这笔筹资占全国总财政收入的比重微乎其微，基本在1%以内。

在第五次西藏工作座谈会上，胡锦涛提出的推进西藏跨越式发展“七个更加”的要求，我们设定林牧区养老模式及其保障基础的战略路径。

8.2.1 改善农牧民生产生活条件，增强家庭养老能力

这是以国家投入和地方政府配套为主，通过协调经济社会发展，不断改善农牧民生产生活条件，让家庭能够起到辅助作用的“输血”路径。需要强调的是，西藏自然条件差，劳动力素质低，管理水平也不高，如果发展企业和生产经营性产业完全由中央财政出钱，办大中型企业，风险必然远远高于内地。通过中央和全面援藏的帮助，最终在西藏形成自我积累和投资的发展模式，这是对西藏人民长期利益负责的一种战略选择①。

因此，通过国家投入和地方政府财政配套，完善农村最低养老救

① 周天勇、尤元文：《西藏经济发展的战略选择》，《中国工业经济》，2001 年第 7 期：17－22

助制度，完善新型农村社会养老保险制度，完善新型农村合作医疗保险制度，在满足林牧区农牧民的基本经济和生活需求的前提下，通过改善农牧民家庭生产生活条件，逐步提高家庭造血能力，进而支持家庭养老的发展，甚至为下一阶段的社区养老的起步打下一定的经济基础。从促进经济发展的角度看，当前林牧区至少应该在以下三个方面下力气，培育农牧民家庭的自我发展能力。

强化扶贫及林业、牧业等的综合开发。发展县域经济，提高林牧区农牧民收入水平，必须转变过去单纯追求 GDP 增长速度的发展观，把人民的利益作为一切工作的出发点和落脚点，以不断满足人们的多方面需求和促进人的全面发展为最终目标，切实加大对林牧区自然条件恶劣、一方水土养不活一方人的地区的扶贫搬迁力度，通过国家扶贫资金、对口援藏等途径将当地农牧民搬迁到自然条件相对较好的地区，并实施农牧业综合开发、特色产业开发战略，切实提高农牧民家庭的收入，逐步培育农牧民家庭的自我发展能力。

利用好路网等基础设施和援藏建设项目。行政村通公路的建设目标，以及贯穿林芝地区全境的 318 国道，各类省道等公路系统的定期维护和扩宽建设，必然为沿线的农牧民剩余劳动力提供就业机会，增加非农收入。规划中的川藏铁路、林芝 - 拉萨高速公路建设也将进一步促进林芝地区同其他地区的经济文化交流。广东和福建两省，每年各自数亿元的财政直接投入，必然会有大量建设项目立项实施，可以充分带动林牧区就业、带动林牧区旅游业等产业的发展和升级。这些路网系统等基础设施和援藏建设项目的建成和运行，必将带动林芝地区高原特色生物和绿色食（饮）品业、医药业、农畜产品加工业和民族手工业等特色产业的发展，进而提高周边农牧民的生活水平，逐步培育农牧民家庭的自我发展能力。

调整好适应林牧区发展的产业结构。一是要变适应性结构调整为战略性结构调整。改变在农牧业主管部门主导下的某种产品多了就调减其播种面积的传统调整办法，主要通过市场机制对农牧业资源进行优化配置。制定激励政策，对林牧区一些具有较好经济能力、有经营头脑、又愿意从事农牧业规模化经营的农牧户在资金信贷、品种更新、技术服务上予以支持，通过其辐射带动作用，吸引更多的低收入者通过诚实劳动、合法经营转变为中等收入者。二是要把扶持龙头企业作为扩大西藏林牧区中等收人者比重的拉动力量。切实树立扶持产业化就是扶持农牧业、扶持龙头企业就是扶持农牧民的思想。坚持多途径、多方式，不分地区、行业和所有制限制，本着“谁有能力谁发展，谁当龙头扶持谁”的原则，大力扶持和培育有竞争优势和带动能力的龙头企业，发展“公司+农（牧）户”和“订单农（牧）业”的模式，切实解决农牧民的“卖难”问题，增加农牧民的现金收入，从而提高其生产积极性，逐步提高林牧区农牧民家庭的自我发展能力。

8.2.2 增加林牧区公共服务投入，培育社区养老能力

在林牧区农牧民家庭自我发展能力培育和改进的基础上，自治区政府应在中央政策和全面援藏政策支持下，致力于提高林牧区的公共服务能力，逐步增强农牧区社区的自我发展能力。针对林牧区经济不平衡、区域内农牧民收入存在差异的特点，对于有一定经济基础的农民通过建立不同缴费和给付标准的农村社会养老保险制度，来实现对这一人群的养老及其保障。必须从以下四个方面着力提高林牧区公共

服务能力，增强农牧民社区的自我发展能力。

一是优先发展教育事业，丰富林牧区基础人力资源。进一步巩固"两基"（基本普及九年义务教育和基本扫除青壮年文盲）攻坚成果，提高义务教育普及水平。认真落实农牧民子女义务教育阶段"三包"（包吃、包住、包学习费用）政策，加强经费管理。加快寄宿制学校建设，推进小学规范化和初中标准化建设，实施中小学校舍安全工程。以林牧区为重点，加快幼儿园建设，启动学前两年"双语"（藏语与汉语）教育工程。积极发展高中阶段教育，提高入学率。继续办好内地西藏班，进一步提高办学层次，优化招生结构，逐步扩大办学规模。大力发展职业技术教育，做好内地西藏中职班招生工作。推进高等教育质量工程，完善家庭经济困难学生资助政策。大力开展科普宣传活动，建设好西藏自然科学博物馆。关心支持特殊教育。以热爱党、热爱祖国、热爱人民、热爱社会主义教育和民族团结教育为重点，强化思想政治教育和德育工作，大力加强师德师风建设，用社会主义核心价值体系牢牢占领学校阵地。

二是建立林牧区人力资本培育机制，提升家庭自我发展能力。随着林牧区经济的不断发展，技术、管理等要素在生产中的地位也越来越重要，其所获取的要素分配额也越来越多，成为影响收入水平和发展能力的主要因素。变革现有的人力资本培育制度，增强人力资本竞争力，是提升农牧民自我发展能力的基础。首先，规范初次教育的平等机制，加大对林牧区初、中级教育的投资，保证所有新生劳动力都能接受平等有效的教育。其次，完善成人职业技术教育的保障机制，加大对林牧区接受职业技术教育意愿者多种形式的物质支持，保证其能在一种无后顾之忧的环境中安心接受职业技术培训。最后，建立林牧区无业人员的人力资本转型和升级机制，将林牧区教育保障作为社会保障的重要内容，从根本上消除社会不稳定因素。

三是提高就业和社会保障服务的均衡化水平，增强社区自我发展能力。加快林芝地区城乡人力资源市场建设。继续实施积极就业政策，做好高校毕业生就业和转业退伍军人安置工作，扶持高校毕业生自谋职业、自主创业，确保城镇新增就业，控制城镇登记失业率。加强公益性岗位开发管理，重视残疾人就业，援助“零就业”家庭和困难群体就业。加大农牧民和城镇失业、转岗等人员技能培训力度，进一步提高就业和创业能力。建立健全统筹城乡的社会保障体系。完成新型农村社会养老保险制度全覆盖。继续提高企业退休人员基本养老金标准。加快社会保险扩面工作，将城镇非公经济组织单位及其从业人员和灵活就业人员全部纳入城镇基本养老和基本医疗保险覆盖范围。在完善城镇居民基本医疗保险的基础上，加快发展商业补充保险和医疗救助，大幅提高城镇居民医疗保障水平。实现失业保险自治区级统筹。完善城乡居民最低生活保障制度，继续提高林牧区低保标准。加大城镇低收入住房困难家庭住房保障力度。加大扶贫开发力度，完成林牧区全部乡镇整乡推进扶贫工作。积极发展妇女、儿童、老龄、残障和慈善等事业。加快发展卫生事业。大力开展农牧民健康促进行动。加强基层医疗卫生服务体系建设，完成县级卫生服务中心、乡镇卫生院的标准化建设任务。不断完善林牧区医疗制度，提高农牧民免费医疗补助标准。加强乡村医生的培养，为每个行政村配备两名村医。加强学校和社区医疗卫生工作，推进学校医务室和社区卫生服务中心建设。落实好农牧民孕产妇住院分娩医药费全免、奖励和生活救助政策，进一步降低婴儿死亡率和孕产妇死亡率，提高出生人口素质。

8.2.3　发展特色支柱产业，实现养老模式可持续发展

在培育家庭自我发展能力和提升社区自我发展能力的基础上，通过调动全国的社会资金入藏，进一步发展有林牧区特色的支柱产业，形成林牧区自身资本积累和投资发展的能力，实现林牧区经济社会的可持续发展，这是林芝地区也是西藏必须走出的自我发展的现代化道路。有了经济社会的可持续发展，才有可能建立起制度养老、家庭养老、社区养老三位一体的养老模式，才能真正实现林牧区老年人养老模式的可持续发展。要发展有林牧区特色的支柱产业，必须做好三个方面的工作。

一是提升科技服务能力，推进科技兴林兴牧。围绕特色经济发展、经济结构调整，加强科技平台建设，建立健全科技推广服务体系，加大科技创新力度，引进、吸收、创新和推广先进适用技术，在农牧业、新能源、高原生物、藏医药、生态环境、民族手工业等应用领域取得突破。深入实施科技入户工程，实现科技指导直接到户、良种良法直接到田、技术要领直接到人。进一步深化科技交流，积极推动跨区域重大科技项目合作。

二是吸纳社会资本，推进民营企业等非公有制经济发展。县域范围内的非公有制经济，对吸纳林牧区富余劳动力、增加就业发挥着举足轻重的作用。要以县为单位，消除制约非公有制经济发展的观念、体制、政策等障碍，在市场准入、金融服务、税收优惠、土地使用、对外贸易等方面一视同仁，实行国民待遇，为民营企业、非公有制经济发展创造公平竞争的环境。鼓励林牧区中高收入者从事特色资源开

发、农畜产品加工、民族手工业等加工行业，达到提高农牧民素质、提高农牧民收入，提升自我发展能力，进而实现林牧区的可持续发展。

三是构建生态安全屏障，推进特色旅游业发展。加快实施《西藏生态安全屏障保护与建设规划》，提高生态安全保障能力，推进生态西藏建设。继续抓好草原生态保护奖励机制试点工作。积极探索开展资源开发生态补偿试点。加强气候变化应对工作，提高防灾减灾能力。加强高原生物多样性保护，搞好自然保护区建设。积极开展植树造林，加大水土流失治理力度。实施饮用水水源地保护工程，建立健全饮用水水源安全预警机制。倡导以低碳排放为特征的消费模式，发展低碳经济。高度重视节能减排工作，严格环境监测监管，认真落实规划和建设项目环境影响评价制度，深入开展环保专项行动。加快城镇生活污水和垃圾处理设施建设，推进林牧区薪柴替代和环境综合治理工程。

旅游业位居西藏六大特色支柱产业之首，其发展速度直接影响到全区国民经济的持续、快速、健康发展。旅游业还是消耗资源少、投资效益好、容纳就业多、关联面广、带动作用大的朝阳产业。在西藏丰富多彩的旅游资源中，目前被开发利用的只是较少的一部分，大部分位于县域范围内的优质旅游资源仍处于“养在深闺人未知”的状态，特别是一些很有开发价值的自然风景区和人文景区还沉睡于原始状态之中，发展县域范围内的旅游业，是扩大林牧区中等收入者比重，实现林牧区可持续发展的重要途径。从扩大林牧区中等收入者比例的角度考虑，必须充分利用当地的自然风光和独特的人文景观，旅游业的发展要围绕“吃、住、行、游、购、娱”六要素，在藏民族文化内涵上挖掘，在“高、精、特”上下功夫，重点打造旅游“精品”工程，加大对旅游特色产品和民族风情的开发力度。要积极引导和发展林牧区家庭旅游和生态旅游项目，采取“公司＋农（牧）户”的经营模式，加大对民间特色旅游商品的开发力度。通过政策支持，鼓励农牧民参与到家庭旅馆、民族手工艺品加工等旅游服务项目中来，切实增加收入，提升具有旅游资源优势的县域内林牧区的自我发展能力，加强林牧区旅游业的深度开发，促进经济社会的可持续发展。

第9章　结论与讨论

9.1　主要结论

在西藏和平解放初期，中央在西藏采取“慎重稳进”的工作方针，积极探索在西藏这块特殊的地域环境空间及历史背景下，如何在站稳脚跟、守护祖国西南大门的前提下，促使西藏地方政权密切与祖国的关系，尽早实现西藏社会的变革。封建农奴制度废除后，党中央在西藏采取反贫困等相应政策，从一定意义上说，西藏的社会保障虽然一直存在，却未形成现在普遍意义上的社会保障体制，除了家庭内部的保障外，社会保障以大量的不定期经济支持、大批的物资救助以及一定时期内的国家保障体制为主。之后，随着援藏政策的深入，西藏的政治、经济、文化、社会建设都得到快速发展，西藏人口由1953年的100万人增加到2008年的287.05万人，人均寿命由和平解放时的35.5岁提高到现在的67岁。

目前正在逐步实现全面覆盖的新型社会养老保险制度，为林牧区农牧民的养老模式及其保障体系建设打下了经济和制度的扎实基础。但在养老问题上，在社会机制落后、社会福利输送系统存在障碍的基础上，仅依赖物质支持是远远不够的，这不仅表现为国家财政的无法承受，同时也难以完全满足老年人幸福感的获取。

发展型社会政策在彰显“社会公正”这一社会政策核心价值的同时，摈弃长久以来对社会政策问题进行“头疼医头、脚疼医脚”、穷于应付社会问题的应急状态。从政策上游有效干预经济社会运行，确保社会政策促进经济发展和社会投资，有效实现社会公平。

文章在对西藏农奴制时期的“吉度”、民主改革以来的西藏家庭，以及全面援藏以来养老模式及其保障基础的考察后，得出林牧区养老模式更替的现实瓶颈是多种因素综合作用的结果：林牧区养老的需求膨胀，市场化以及劳动力外流导致的家庭代际反哺式微，长期以来宗教文化中的消极福利观、习得性无助，援藏过程中重经济、轻可持续发展意识，过去农村养老保险试点的缺陷等都造成了林牧区养老模式更替的困境。

藏族社会几乎是一个全民信教的社会，无论是藏传佛教的历史地位还是其现实功用，藏族社会的传统对日常生活都有着一定的影响，民主改革以来，林牧区的家庭保障功能在养老中还是发挥了不可替代的作用。要从根本上解决好西藏农牧民养老等的福利问题，就要在充分尊重西藏的历史、宗教、文化特质和现实基础上，以发展型社会政策作为分析理念，从中长期战略的角度思考林芝地区的养老问题，在预防和应急中做出一个兼顾二者的政策选择。

具体而言，基于发展型社会政策的林牧区养老模式体系由国家、家庭、社区“三位一体”组成，通过协助林牧区牧民透过行动去增强适应环境的潜能，其中“三位一体”的体系架构指：社会投资增能效应下的制度养老为主体，养老保险占据重要地位；藏民族家族文化背景下的家庭养老保障为基础，强调藏民族传统文化以及地区特色的延续与传承；藏民族互助文化背景下的社区养老保障为补充，凸显长久以来互助文化在养老保障中的作用。与此同时，在林牧区养老模式的理念上，强调从“生存型走向发展型、从封闭型成为开放型、从被动型转向主动型”的积极福利观。在实施机制上，倡导完善林牧区养老法律制度、管理型政府向服务型政府的转变、家庭“张力”在养老模式中的支持，以及“准市场”模式的开发与应用。长期以来，西藏的经济状况较其他地区落后，积极的福利理念与机制规范对农民养老问题解决创造诸多有利条件，可以更好地支持林牧区农牧民养老模式的完善。

应该说，离开了发展型社会政策的视野，忽视了社会投资和人力资本投资，养老的可持续就会出现一定的障碍。牧区养老模式及其制度基础的构建，必须充分重视传统文化影响和社会基础的支持。忽略了西藏特色宗教文化的含化，没有真正嵌入社会基础的政策，即使实现一时的成效，也将是昙花一现；融合了文化和社会基础的政策，才能实现事半功倍的成效。林牧区养老模式及其保障基础路径选择的关键就在于惠民增能，从提升林牧区农牧民家庭的养老能力，到培育林牧区村落的社区养老能力，再到林牧区养老模式的可持续发展。

9.2　进一步研究的方向

在构建林牧区的养老模式及其制度基础的前提下，如何向整个西藏农牧区，乃至全国五大牧区推广、推进还需要进一步的研究。长远来看，林牧区养老模式及其体系、制度基础的构建，将对林牧区乃至西藏经济社会格局和宗教文化发展产生怎样的影响，还有待进一步跟进和深入研究。

参考文献

一、著作类

[1] 曹锦清．一个学者对乡村社会的观察与思考［M］．上海：上海文艺出版社，2000.

[2] 成思危．中国社会保障体系的改革和完善［M］．北京：民主与建设出版社，2000.

[3] 邓大松，刘昌平等．新农村社会保障体系研究［M］．北京：人民出版社，2007.

[4] 邓大松．社会保险［M］．北京：中国劳动社会保障出版社，2002.

[5] 丁建定，杨凤娟．英国社会保障制度的发展［M］．北京：中国劳动社会保障出版社，2004.

[6] 丁建定．瑞典社会保障制度的发展［M］．北京：中国劳动社会保障出版社，2004.

[7] 董志勇．新农村的经济学［M］．北京：清华大学出版社，2008.

[8] 冯必扬，严翅君．现代社会保障研究［M］．北京：人民出版社，2003.

[9] 郭士征．社会保障研究［M］．上海财经大学出版社，2005.

[10] 郝兵，陈健．新农村社会保障［M］．北京：中国社会出版社，2006.

[11] 和春雷．社会保障制度的国际比较［M］．北京：社会科学文献出版社，2006.

[12] 姜守明，耿亮．西方社会保障制度概论［M］．科学出版社，2002.

[13] 景天魁．中国社会发展与发展社会学［M］．北京：学习出版社，2000.

[14] 库少雄，Hobart A. Burch. 社会福利政策分析与选择［M］．华中科技大学出版社，2006.

[15] 劳动和社会保障部社会保险研究所组织翻译．贝弗里奇报告［M］．北京：中国劳动社会保障出版社，2004.

[16] 李德洙．西藏知识简明读本［M］．华文出版社，2003.

[17] 李华等．中国社会保障体系：改革与和谐发展［M］．上海：上海财经大学出版社，2007.

[18] 李培林．2005 年中国社会形势分析与预测［M］．北京：社科文献出版社，2005.

[19] 李银河等著．穷人与富人——中国城市家庭贫富分化调查

[M]. 上海：华东师范大学出版社，2004.

[20] 李珍. 社会保障理论 [M]. 北京：中国劳动社会保障出版社，2001.

[21] 林义主编. 社会保险（第2版）[M]. 北京：中国金融出版社，2003.

[22] 林毓铭. 中国社会保障的改革探索 [M]. 江西：江西人民出版社，2004.

[23] 陆学艺. 当代社会阶层研究报告 [M]. 北京：社会科学文献出版社，2001.

[24] 穆怀中. 国民财富与社会保障收入再分配 [M]. 北京：中国劳动社会保障出版社，2003.

[25] 穆怀中. 社会保障国际比较 [M]. 中国劳动社会保障出版社，2008.

[26] 牛文光. 美国社会保障制度的发展 [M]. 北京：中国劳动社会保障出版社，2004.

[27] 祁亚辉等. 透视中国社会保障制度的改革与创新 [M]. 成都：四川人民出版社，2003.

[28] 石秀和等. 中国农村社会保障问题研究 [M]. 北京：人民出版社，2006.

[29] 斯梅尔塞. 社会科学的比较方法 [M]. 北京：社会科学文献出版社，1992.

[30] 孙文基. 建立和完善农村社会保障制度 [M]. 北京：社会科学文献出版社，2006.

[31] 唐钧等. 中国城市贫困与反贫困报告 [M]. 北京：华夏出版社，2003.

[32] 王刚义，梅建明. 社会发展与社会政策研究 [M]. 北京：中国人民公安大学出版社，2002.

[33] 王贵，喜饶尼玛，唐家卫. 西藏历史地位辨 [M]. 北京：民族出版社，2003.

[34] 王小章. 中国发达地区社会保障——来自浙江的报告 [M]. 杭州：浙江大学出版社，2007.

[35] 熊敏鹏. 社会保障学 [M]. 北京：机械工业出版社，2004.

[36] 阎青春主编. 社会福利与弱势群体 [M]. 北京：中国社会科学出版社，2002.

[37] 杨冠琼主编. 当代美国社会保障制度 [M]. 北京：法律出版社，2001.

[38] 曾湘泉，郑功成主编. 收入分配与社会保障 [M]. 北京：中国劳动社会保障出版社，2002.

[39] 张广利. 社会保障理论教程 [M]. 华东理工大学出版社，2008.

[40] 张敏杰. 中国弱势群体研究 [M]. 吉林：长春出版社，2003.

[41] 张明成. 新时期劳动保障实践与探索 [M]. 成都：西南财经大学出版社，2006.

[42] 张秀兰，徐月宾. 中国发展型社会政策论纲 [M]. 中国劳

动社会保障出版社，2007.

[43] 张作云，陆燕春．社会主义市场经济中的收入分配体制研究［M］．北京：商务印书馆，2004.

[44] 郑功成．社会保障学——理念、制度、实践与思辨［M］．商务印书馆，2008.

[45] 朱光磊．中国的贫富差距与政府控制［M］．上海：上海三联书库，2002.

[46] Alfio Cerami, The Politics of Social Security Reforms in Czech Republic, Hungary, Poland and Slovakia, To be published in 2008 in "A Long - Good Bye to Bismarck? The Politics of Reforms inContinental Europe" (Bruno Palier, ed.), Amsterdam, Amsterdam University Press.

二、论文类

[1] 边恕，穆怀中．农村养老保险适度水平的微观测度与动态调整研究［J］．社会保障研究，2011（6）．

[2] 陈爱东．西藏特色社会保障体系建设综述［J］．中国藏学，2011（2）：96－100．

[3] 陈立周．近年国内社会政策范式研究之现状及展望［J］．湖南人文科技学院学报，2011（3）．

[4] 陈平．建立统一的社会保障体系是短视政策［J］．中国改革，2002（4）：16－17.

[5] 陈赛权．中国养老模式研究综述，人口学刊［J］．2000

(3) .

[6] 崔红志. 国外建立农民社会养老保险制度的经验 [J]. 世界农业, 2004 (10): 41-42.

[7] 旦增遵珠. 民主改革前西藏流动人口救助问题刍议——以拉萨、昌都两地流动人口互助互济活动为基点 [J]. 西南民族大学学报 (人文社科版), 2009 (2): 180-185.

[8] 高和荣. 文化变迁下的中国老年人口赡养问题研究 [J]. 学术论坛, 2003 (1) .

[9] 高鹏怀. 从社会福利国家到社会投资型国家——西欧社会民主党的理论变迁与政策调整 [J]. 北京印刷学院学报, 2002 (2) .

[10] 关信平. 社会政策发展的国际趋势与我国社会政策的转型 [J]. 江海学刊, 2002 (4): 93-98.

[11] 郭金丰. 统筹城乡发展事业中的社会保障问题 [J]. 求实, 2004 (10): 57-59.

[12] 胡荣. 我国社会保险改革的模式选择 [J]. 社会学研究, 1995 (4): 110-117.

[13] 胡湛, 彭希哲. 发展型福利模式下的中国养老制度安排 [J]. 公共管理学报, 2012 (3) .

[14] 黄佳豪. 建国60年来农村养老保险制度的历史探索 [J]. 理论导刊, 2009: 65-67 .

[15] 景天魁. 大力推进与国情相适应的社会保障制度建设—构建底线公平的福利模式 [J]. 理论前沿, 2007 (18): 5-9 .

[16] 李实, 罗楚亮. 中国城乡居民收入差距的重新估计 [J].

北京大学学报（哲学社会科学版），2007（3）：111－120.

[17] 李迎生. 中国社会保障制度改革的目标定位新探 [J]. 社会，2006（2）：175－187.

[18] 林毓铭. 城乡社会保障一体化：将进城农民纳入城镇养老保险体系 [J]. 调研世界，2003：23－25.

[19] 刘宝臣. 结合特殊区情，完善西藏社会保障制度 [J]. 西藏发展论坛，2010（6）：52－54.

[20] 洛桑达杰，旦增遵珠. 略论西藏社会保障制度的演化 [J]. 西藏民族学院学报（哲学社会科学版）2011（6）.

[21] 马利敏. 农村社会养老保险请缓行 [J]. 探索与争鸣，1999（7）：11－12.

[22] 梅红. 从《读者》看代际关系中的权威转换与中国孝文化的嬗变 [J]. 成都电子机械高等专科学校学报，2007（2）.

[23] 穆怀中. 社会保障水平发展曲线研究 [J]. 人口研究，2003（2）.

[24] 尚晓援. "社会福利"与"社会保障"再认识 [J]. 中国社会科学，2001（3）：113－121.

[25] 师学萍、曹志翔. 西藏林芝旅游产业创新发展研究 [J]. 经济研究导刊，2008（10）：204－205.

[26] 唐钧. 社会政策的基本目标：从克服贫困到消除社会排斥 [J]. 江苏社会科学，2002（3）：41－47.

[27] 王国军. 现行农村社会养老保险制度的缺陷与改革思路 [J]. 上海社会科学院学术季刊，2000：120－127.

[28] 王思斌. 社会转型中的弱势群体 [J]. 中国党政干部论坛, 2002 (3): 19-22.

[29] 王文娟、马国栋. 孝道在农村养老保障中的功能变迁 [J]. 天府新论, 2010 (6).

[30] 王艳君. 西藏社会保障制度浅析 [J]. 西藏大学学报, 2010: 170-172.

[31] 徐淑美、宋守荣. 西藏农牧区人力资源开发现状初探 [J]. 西藏科技, 2008 (3).

[32] 许亚敏. 我国农村养老保障事业发展的历程、现状与政策取向研究——基于制度分析的视角 [J]. 社会保障研究, 2009 (6): 18-26.

[33] 杨蓓蕾. 英国的社区照顾: 一种新型的养老模式 [J]. 探索与争鸣, 2000.

[34] 杨多贵等. 可持续发展四大代表性指标体系评述 [J]. 科学管理研究, 2001 (4): 58-61.

[35] 杨复兴. 中国农村家庭养老保障的历史分期及前景探析 [J]. 经济问题探索, 2007 (9).

[36] 杨团. 社会政策研究范式的演化及其启示 [J]. 中国社会科学, 2002 (4): 127-139.

[37] 臧秀玲. 从消极福利到积极福利: 西方国家对福利制度改革的新探索 [J]. 社会科学, 2004 (8).

[38] 曾易. 发展型社会政策视角下新型农村社会养老保险的构建 [J]. 湖北农业科学, 2012 (1).

[39] 张海川，郑军.2001-2009：我国农村养老保障适度水平研究［J］．保险研究，2011（7）．

[40] 张洪玲．家庭养老的孝文化透视——试论孝文化与家庭养老的“本原关系”［J］．社会工作，2007（2）．

[41] 张江华．西藏的社会保障工作述略［J］．中国藏学，1999（2）：18-31.

[42] 张立，张文学，杨建林．中国农村多支柱的养老模式研究［J］．西北人口，2012（4）．

[43] 张馨．我国财政职能观评述［J］．财经问题研究，2001（11）：77-81.

[44] 张秀兰、徐月宾．发展型社会的政策及其对我们的启示［J］．当代社会政策研究（Ⅱ），2007（1）．

[45] 赵殿国．农村养老保险工作的回顾与探索［J］．人口与计划生育，2002（5）：23-27.

[46] 郑功成．加入WTO与中国的社会保障改革［J］．管理世界，2002（4）：41-42.

[47] 单彦彦．中国农村老年人的经济供养体系研究［D］．济南：山东大学，2003.

[48] 旦增遵珠．西藏社会保障制度的社会基础框架研究［D］．成都：西南财经大学，2005.

[49] 胡佩艳．社会转型期我国农村地区养老模式研究［D］．青岛：中国石油大学（华东），2005.

[50] 蒋畅泓．公务员社会养老保险制度改革研究［D］．上海：

上海交通大学，2007.

[51] 李航．我国转型期弱势群体社会风险管理探析［D］．成都：西南财经大学，2005.

[52] 李健．农村家庭养老的影响因素研究——基于老年人及其成年子女的主观体验［D］．济南：济南大学，2010.

[53] 李云．城市化进程中社会救助体系的分析与构建［D］．杭州：浙江大学，2004.

[54] 林乐飞．人口老龄化背景下我国城市养老模式选择研究［D］．大连：大连理工大学，2006.

[55] 刘静姿．我国城市反贫困问题研究——基于社会救助法的视角［D］．武汉：华中师范大学，2006.

[56] 刘占良．农村老年人的精神赡养问题研究［D］．石家庄：河北大学，2012.

[57] 罗晴．关于我国社会保障体系建设的思考［D］．成都：四川师范大学，2006.

[58] 欧世平．我国农村养老保障体系建设研究［D］．合肥：安徽大学，2006.

[59] 齐学霞．山西农村"补救型"养老模式研究［D］．太原：山西财经大学，2007.

[60] 沈文洁．藏传佛教宗派形成的原因、特点及其对西藏社会历史的影响［D］．兰州：西北民族大学，2007.

[61] 汪沅．中国农村养老保障制度改革研究［D］．长春：东北师范大学，2008.

［62］汪志国．西藏农牧区养老保障体系构建［D］．成都：西南财经大学，2008.

［63］王树和．转型期中国农村养老保障问题研究［D］．泰安：山东农业大学，2006.

［64］熊英．当代我国弱势群体研究［D］．成都：四川师范大学，2006.

［65］徐丽敏．农民工随迁子女教育融入研究：一个发展主义的研究框架［D］．天津：南开大学，2009.

［66］闫翠娟．藏传佛教与藏区民众日常生活的关联性分析［D］．苏州：苏州大学，2007.

［67］闫平．西藏日喀则城市老年人社会支持研究［D］．北京：中央民族大学，2010.

［68］姚健．当前中国经济发展与社会保障问题研究［D］．合肥：安徽大学，2003.

［69］喻权良．社会保障的伦理分析［D］．长沙：湖南师范大学，2004.

［70］袁同成．社会转型期农村养老模式研究——一种权宜性的、过渡性的、多支柱的制度安排［D］．合肥：安徽大学，2007.

［71］岳红娟．农村养老影响因素研究－－基于河南省T县的实证分析［D］．武汉：华中农业大学，2011.

［72］张喆．农村如何养老一以山东省L村为个案的养老模式研究［D］．北京：中央民族大学，2009.

［73］周莹．中国农村养老保障制度的路径选择研究［D］．上

海：复旦大学，2006.

[74] AdelineDelavande and Susann Rohwedder, Individuals' Responses to Social Security Reform, Michigan Retirement Research Center Working Paper, WP 2008 - 182.

[75] AnneDrouin and Lawrence H. Thompson, Perspectives on the social security system of China, Extension of social security Paper N. 25, 2006.

[76] Benjamin A. Templin, Full Funding: The Future of Social Security, Journal of Law and Politics, Vol. XXII, 2006, PP. 395 - 454.

[77] Benjamin Bridges andSharmila Choudhury, Examining Social Security Benefitsasa Retirement Resourcefor Near - Retirees by Raceand Ethnicity, Nativity, and Disability Status, Social Security Bulletin, Vol. 69, No. 1, 2009, PP. 19 - 44.

[78] Christopher R. Tamborini and Kevin Whitman. Women, Marriage, and Social Security Benefits Revisited, Social Security Bulletin, Vol. 67, No. 4, 2007, pp. 1 - 20.

[79] Craig Copeland, Comparing Social Security Reform Options, EBRI Issue Brief , No. 281, May 2005

[80] David A. Wise and Richard G. Woodbury, Social Security in a Changing Environment: Findings from the Retirement Research Center at the National Bureau of Economic Research, Social Security Bulletin, Vol. 69, No. 4, 2009, PP. 65 - 81.

[81] Dewen Wang, China' s Urban and Rural Old Age Security Sys-

tem: Challenges and Options, China & World Economy, Vol. 14, No. 1, 2006, pp. 102 - 116.

[82] Elizabeth M. Caucutt, Thomas F. Cooley, Nezih Guner, The Farm, the City, and the Emergence of Social Security, The Institute for the Study of Labor (IZA) Discussion Paper No. 3731, September 2008.

[83] FanChenjie; Wu Yufeng; Sun Jinling, Analysis on the peasants´desire for participation in the social insurance in rural areas: based on sample survey in Wuhan, 2009.

[84] Fernando Sánchez - Losada. Growth effects of an unfunded social security system when there is altruism and human capital, Economics Letters, Volume 69, Issue 1, October 2000, Pages 95 - 99.

[85] Francine J. Lipman, Shrinking Boomer Social Security Retirement Benefits, Points to remember, fall 2007, PP. 19 - 21.

[86] GiovanniMastrobuoni, An Empirical Evaluation of Recent Social Security Reforms, September 2006

[87] Isaac Ehrlich, Jinyoung Kim, Social security and demographic trends: Theory and evidence from the international experience, Review of Economic Dynamics, 2007, PP. 55 - 77.

[88] Isaac Ehrlich, Jinyoung Kim. Social security and demographic trends: Theory and evidence from the international experience, Review of Economic Dynamics, Volume 10, Issue 1, January 2007, Pages 55 - 77.

[89] James E. Duggan, Robert Gillingham, and John S. Greenlees, Mortality and Lifetime Income: Evidence from U. S. Social Security Re-

cords, IMF Working Paper, January 2007.

[90] Jie Zhang andJunsen Zhang. Long – run effects of unfunded social security with earnings – dependent benefits, Journal of Economic Dynamics and Control, Volume 28, Issue 3, December 2003, Pages 617 – 641 .

[91] Juan A. Rojas, Carlos Urrutia. Social security reform with uninsurable income risk and endogenous borrowing constraints, Review of Economic Dynamics, Volume 11, Issue 1, January 2008, Pages 83 – 103.

[92] Kalie Pauw, Liberty Mncube, Expanding the Social Security Net in South Africa: Opportunities, Challenges and Constraints, Development Policy Research Unit DPRU Working Paper 07/127, September 2007.

[93] Kamiya, Yumiko, Social security and living arrangements of the elderly in Brazil, 2006.

[94] Kleinjans, Kristin Josefin, Social Security reform and pension choice: The case of Colombia, 2003.

[95] Ling Zhu, Old Age Security: A Case from Rural Suzhou, China & World Economy, Vol. 14, No. 1, 2006, PP. 67 – 78.

[96] Long T. Giang and Wade D. Pfau, Vulnerability of Vietnamese Elderly to Poverty: Determinants and Policy Implications, Asian Economic Journal, Vol. 23, No. 4, 2009, PP. 419 – 437.

[97] Olivia S. Mitchell and John W. R. Phillips, Social Security Replacement Rates for Alternative Earnings Benchmarks, Michigan Retirement Research Center Working Paper, WP 2006 – 116

[98] Paula Auerbach, Maria Eugenia Genoni, Carmen Pagés, So-

cial Security Coverage and the Labor Market in Developing Countries, IZA Discussion Paper No. 2979, August 2007.

[99] Peter Townsend, The Right to Social Security and National Development: Lessons from OECD experience for low – income countries, Issues in Social Protection, Discussion Paper 18, 2007.

[100] Roozbeh Hosseini, Evaluating the Role of Social Security in Providing Annuity Insurance, June 2008.

[101] Rowena A. Pecchenino, Patricia S. Pollard. Dependent children and aged parents: funding education and social security in an aging economy, Journal of Macroeconomics, Volume 24, Issue 2, June 2002, Pages 145 – 169.

[102] Serife Nuray Akin, Population Aging, Immigration Policies, and the Social Security System in Germany, August 2006.

[103] Sheenae Noh, Changes in Public Pension Policy in South Korea, 1986 – 1998: Applying Two Theories of Policy Change, 2004.

[104] Shih – Jiunn Shi, Emergence of the notion of retirement in rural China, Z Gerontol Geriat 5, 2008, pp. 334 – 344.

[105] Shih – Jiunn Shi, Left to Market and Family – Again? Ideas and the Development of the Rural Pension Policy in China, Social Policy and Administration, Vol. 40, No. 7, December 2006, pp. 791 – 806.

[106] Siew Ling Yew and Jie Zhang. Optimal social security in a dynastic model with human capital externalities, fertility and endogenous growth, Journal of Public Economics, 2008, 8.

[107] T. Lynn Fisher, Measuring the Relative Importance of Social Security Benefits to the Elderly, Social Security Bulletin, Vol. 67, No. 2, 2007, pp. 65 – 72.

[108] Takaaki Aoki, Some Propositions on Intergenerational Risk Sharing, Social Security and Self – Insurance.

[109] VincenzoGalasso and Paola Profeta, Lessons for an Aging Society: the Political Sustainability of Social Security Systems, Working Paper n. 244, 2003.

[110] VincenzoGalasso, Paola Profeta, Lessons for an Aging Society: the Political Sustainability of Social Security Systems, September 2003.

[111] Wilbert van der Klaauw and Kenneth I. Wolpin, Social Security and the Retirement and Savings Behavior of Low Income Households, Penn Institute for Economic Research Working Paper 05 – 020.

[112] William G. Gale, Leslie Muller, John W. R. Phillips, and Michael Dworsky, Effects of After – Tax Pension and Social Security Benefits on Household Wealth: Evidence from a Sample of Retirees, 2007.

[113] William G. Shipman, The History and Future of Social Security, networks financial institute at Indiana State University, 2005 – PB – 05.

三、统计资料

[1]《2010 年西藏自治区国民经济和社会发展统计公报》

[2] 国家统计局. 2005 年中国发展报告 [R]. 北京: 中国统计

出版社，2005.

[3] 国家统计局．中国人口年鉴 [M]．北京：中国统计出版社，2004.

[4] 国家统计局．中国统计年鉴 [M]．北京：中国统计出版社，2004.

[5] 国家统计局．中国统计年鉴 [M]．北京：中国统计出版社，2005.

[6] 林芝地区地方志编纂委员会．林芝地方志 [M]．中国藏学出版社，2006.

[7] 全国老龄工作委员会．中国人口老龄化发展趋势预测研究报告（2006）[R]．

[8] 西藏自治区统计局编．西藏统计年鉴 [M]．中国统计出版社．

[9] 《中国人口和计划生育年鉴》，中国人口和计划生育年鉴社 2009.

致谢

人生得遇机缘，有幸成为张老师的学生。光阴荏苒，风雨兼程，转瞬六年。在张老师春风化雨的循循教导下，我一点点地成长。张老师是我的恩师、我的贵人。大爱无边，大恩不言。张老师为人、为学、为师的正直严谨、大气谦和是我一生学习的标杆。

论文的完成也离不开我的入门导师——石良平教授的教导，他的渊博学养、宽广胸怀，是我永远的榜样。

我还要衷心感谢我们的院长、导师组长徐永祥教授，徐老师一直关心我的成长，多次教导我的工作和学习，促进我成长。

论文的完成也离不开曹锦清教授的批评指正，离不开张昱教授、杨发祥教授、李瑜青教授、何雪松教授和纪晓岚教授等老师的指导帮助。

感恩之心，铭于肺腑。

在我援藏工作和在西藏林芝调研期间，对口援藏单位和地方政府部门，尤其是援藏的战友们提供了大量工作及调研的有利条件。我要感谢西藏大学林芝校区的领导和同事：桑珠书记、郑维列副校长、赵垦田副校长、张格杰处长、米玛顿珠处长、邓昭顺、刘涛及其夫人、白玛卓嘎、张永青、张宗郁，等等；我要感谢第五批援藏战友：罗建峰院长、郑晓坚局长、刘毅书记，三个调研目标县的援藏书记、县长，民政局长，社保局长，县办干部，各镇的包村干部、民政干事等，还有很多只知道藏语简称的干部和同事，请原谅我无法一一列出名字。

还要感谢我们社会学院办公室的王爱军老师、孙秀慧老师，商学院的研究生办公室的高老师、沈峰老师等，正是有了他们的大力支持和无私帮助，本文才能得以顺利完成。

感谢各位师兄弟姐妹的热切指点和真诚建议，他们是：黄庐进博士、程毅博士、陈荣武博士等博士同学以及瞿枭硕士、陈丹群硕士、黄文斌硕士、王贯新硕士，等等。

还有很多需要感谢的亲人和朋友，我只能铭记于心、心存感恩了。

2012 年 11 月 08 日于母校校园

附录1 养老现状的半结构式访谈提纲

1. 养老现状的半结构式访谈提纲（县委办）

（1）县志或最新介绍，该县老年人口比重等经济社会人口指标，宏观养老取向、人均收入耕地亩产住房等介绍。

（2）通过采取分层抽样方法遴选对应乡镇（同时也运用该方法在乡镇遴选相应的村落进行调研）。

2. 养老现状的半结构式访谈提纲（社保局或民政局）

（1）老龄化及养老现状。

（2）现存养老模式及相关的社会保障体系。

（3）2000年前后实施的养老保险概况，包括当时的相关政策，以及实际试点过程中的覆盖情况、投保情况、资金运营情况，停滞原因等。

（4）对2000年前后实施的养老保险绩效评价，包括经济绩效与社会绩效，同时包括政府自身对其的评价，政府了解到的农牧民对其的评价等。

（5）对未来农牧民养老模式及其保障问题的政策预期和准备。

（6）县级和乡镇级养老院、福利院的建设情况等。

3. 养老现状的半结构式访谈提纲（农牧民家庭）

（1）观察住所地理特点、家居特点、仓储情况、室内装饰（文化考虑）、餐饮特色等。

（2）家庭特征：包括成员构成、家庭结构、家庭关系、主要和临时劳动力，健康状况等。

（3）经济生活状况：包括家庭主要收入来源（工资打工、家庭经营、资产增值、转移收支）、房屋建设情况、日常物质生活消费、日常精神生活消费等。

（4）家庭与亲友互助（传统与现状）：日常生活中的家庭互助情况、家长支配地位、自由平等民主；邻里及村落互助，村委会作用等。

（5）养老保障相关情况：养老收入（政府、社区及互助，人情体系，社会网络）；家庭成员参与 90 年代林芝地区农村养老保险试点情况；现阶段参与农村养老保险制度意愿、希望的效果、人均每年可承担额等。

（6）家庭教育情况、男孩女孩偏好、产孕妇保障情况、劳动力外出打工情况等。

（7）家庭宗教信仰情况；家庭、家族和村落的风俗情况，如婚礼，乔迁等。

附录2　关于年青一代赡养意愿的半结构式访谈提纲

1. 家中老年人（爷爷奶奶）年龄、身体状况、参加家务和劳作情况等。

2. 家庭及家中老年人的居住状况等。

3. 家庭及老年人饮食起居情况等。

4. 家庭中兄弟姐妹等成员关系情况等。

5. 家庭成员交流、互助情况等。

6. 现代生活对年青一代的影响等。

7. 年青一代相关意愿方面：经济条件和工资分配、家务参与和照顾长辈、听从长辈和尊重长辈等。

攻读博士学位期间发表的学术论文、专著及承担的科研项目

一、学术论文

［1］西藏藏族养老模式探讨——基于林芝藏族青年的孝情实考 第二作者，导师第一作者 西北农林科技大学学报（社会科学版） 2013/03（录用通知）。CSSCI 来源

［2］改进高校老年人社区照顾：个案管理的引入——以 Y 大学社区为例 第一作者 西北农林科技大学学报（社会科学版） 2010/04。CSSCI 来源

［3］全国性农民工社会保障机制可行性探究 第一作者 华东理工大学学报（社会科学版） 2008/02。

［4］基于参与式发展的“城中村”改造研究——以云南省昆明市 F 村为例 第一作者 华东理工大学学报（社会科学版） 2009/01。

二、科研项目

[1] 西藏林芝劳动与社会保障局专题调研《西藏林芝林牧区农牧民养老现状与保障体系建设研究》(2009 - 2010 年), 资助经费: 1 万元; 负责人。

[2] 上海市教卫党委项目《维稳视角下的民族生管理模式研究》(2010 - 2011 年), 资助经费: 1 万元; 子项目负责人。

[3] 上海市委办公厅专题项目《大学生党员质量与评价标准研究》(2012 年 3 月 - 2012 年 11 月), 资助经费: 3 万元; 负责人。